分県登山ガイド 28

奈良県の山

小島誠孝 著

山と溪谷社

分県登山ガイド――28

奈良県の山

目次

伊賀市
163
名古屋へ
津IC
つ
津市
久居IC
いがかんへ
近鉄大阪線
165
伊勢湾
なばり
名張市
名松線
松阪IC
松阪市
まつさか
23
28 鎧岳
28 兜岳
27 国見山
いせやち
伊勢自動車道
三重県
30 倶留尊山
曽爾村
白猪山
29 後古光山
いせおきつ
368
27 住塚山
29 古光山
31 学能堂山
多気町
いせし
伊勢市
鳥羽へ
32 三郎ヶ岳
御杖村
局ヶ岳
勢和多気JCT・IC
伊勢IC
黒石山
33 三峰山
166
紀勢自動車道
34 高見山
櫛田川
みせだに
紀勢本線
勢辻山
35 赤ゾレ山
422
大台町
国見山
大宮大谷IC
七洞岳
桧塚
36 薊岳
明神岳
桧塚奥峰
大紀町
南伊勢町
佛山
37 赤倉山
峰山
宮川
池木屋山
9 白髭岳
260
紀勢大内山IC
38 馬ノ鞍峰
伯母ヶ峰
御座嵓
大杉峡谷
添谷山
きいながしま
9 大台ヶ原
日出ヶ岳
41 堂倉山
42 笙ノ峰
熊野灘
41 コブシ峰
42 又剣山
紀北町
425
おわせ
尾鷲市
42
くまのし
熊野市
新宮へ

奈良県の山 全図

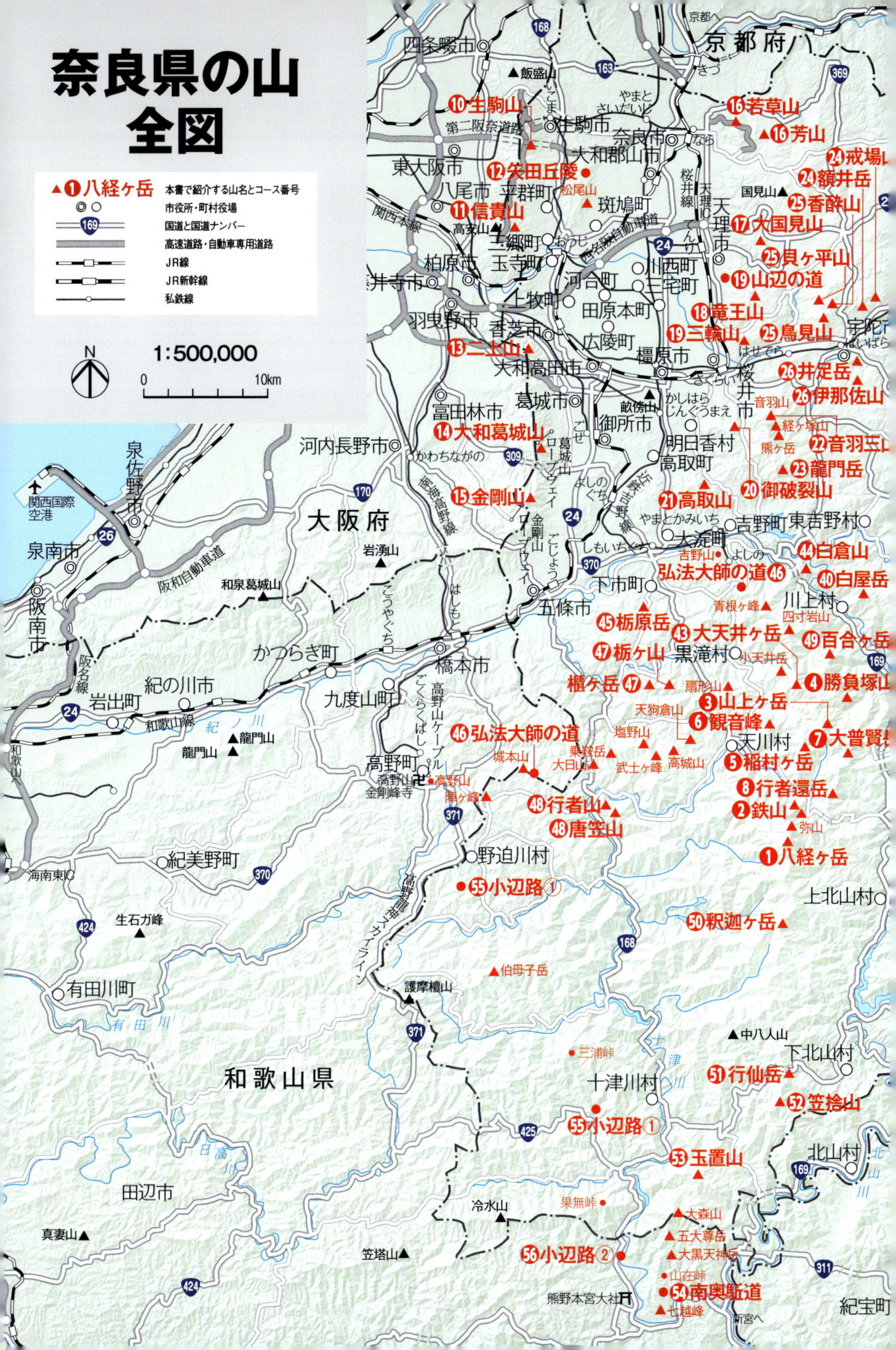

▲❶八経ヶ岳 本書で紹介する山名とコース番号
市役所・町村役場
国道と国道ナンバー
高速道路・自動車専用道路
JR線
JR新幹線
私鉄線
1:500,000
0
10km
N
京都府
大阪府
和歌山県
京都へ
四条畷市
飯盛山
⑩生駒山
生駒市
第二阪奈道路
奈良市
大和郡山市
⑯若草山
⑯芳山
㉔戒場山
㉔額井岳
国見山
㉕香酔山
⑰大国見山
㉕貝ヶ平山
⑲山辺の道
⑱竜王山
⑲三輪山
㉕鳥見山
宇陀市
東大阪市
⑫矢田丘陵
松尾山
八尾市
平群町
⑪信貴山
高安山
斑鳩町
三郷町
王寺町
柏原市
藤井寺市
羽曳野市
香芝市
上牧町
河合町
川西町
三宅町
田原本町
広陵町
天理市
桜井線
西名阪自動車道
⑬二上山
大和高田市
橿原市
桜井市
㉖井足岳
㉖伊那佐山
葛城市
畝傍山
かしはら じんぐうまえ
音羽山
経ヶ塚山
熊ヶ岳
㉒音羽三山
㉓龍門岳
富田林市
⑭大和葛城山
御所市
明日香村
高取町
⑳御破裂山
河内長野市
かわちながの
㉑高取山
⑮金剛山
葛城山ロープウェイ
金剛山ロープウェイ
南海高野線
近鉄吉野線
やまとかみいち
吉野町
東吉野村
大淀町
吉野山
よしの
㊹白倉山
㊵白屋岳
弘法大師の道㊻
下市町
五條市
しもいちぐち
ごじょう
はしもと
こうやぐち
青根ヶ峰
四寸岩山
川上村
㊺栃原岳
㊸大天井ヶ岳
㊼栃ヶ山
黒滝村
小天井岳
㊾百合ヶ岳
檜ヶ岳㊼
扇形山
④勝負塚山
❸山上ヶ岳
天狗倉山
❻観音峰
塩野山
天川村
❼大普賢岳
❺稲村ヶ岳
乗鞍岳
大日山
武士ヶ峰
高城山
❽行者還岳
❷鉄山
弥山
❶八経ヶ岳
泉佐野市
関西国際空港
泉南市
阪南市
阪和自動車道
岩湧山
和泉葛城山
かつらぎ町
橋本市
九度山町
紀の川市
岩出町
和歌山線
紀ノ川
龍門山
阪和線
高野山ケーブル
ごくらくばし
㊻弘法大師の道
城本山
高野町
高野山
金剛峯寺
陣ヶ峰
㊽行者山
㊽唐笠山
野迫川村
㊺小辺路①
紀美野町
海南東IC
和歌山IC
高野龍神スカイライン
上北山村
㊿釈迦ヶ岳
生石ガ峰
伯母子岳
有田川町
有田川
護摩檀山
中八人山
三浦峠
下北山村
㊶行仙岳
十津川村
十津川
㊷笠捨山
㊺小辺路①
㊸玉置山
北山村
北山川
日高川
田辺市
冷水山
果無峠
大森山
五大尊岳
大黒天神岳
真妻山
笠塔山
㊻小辺路②
山在峠
熊野本宮大社
㊹南奥駈道
七越峰
新宮へ
紀宝町

概説 奈良県の山

小島誠孝

『古事記』に倭建命が故郷を思って歌ったとして、「倭《やまと》は 国の真《ま》秀《ほ》ろば 畳《たた》なづく 青垣《あおかき》 山籠《やまごも》れる 倭《やまと》し麗し」と記されているように、奈良県は大阪府、京都府、三重県、和歌山県と府県境をなし、そのすべてが山脈に囲まれた山国である。地理的には紀伊半島の中央部に位置し、脊梁をなす大峰《おおみね》山脈や台高《だいこう》山脈、金剛《こんごう》・生駒《いこま》山系、室生《むろう》・倶留尊《くろそ》山系など、世界遺産や国定公園に指定された山や高原、渓谷や丘陵が美しい自然景観をつくる。渓谷では長瀑、奇瀑、碧潭、蒼淵が美しさを競い、山には高山植物など、多彩な植生が育まれ、古代から続く「祈りの道」へは世界の国から人々が訪れる。変化に富んだ「青垣山」は四季折々、誰もが親しめる麗しき山々である。

●山域の特徴

四面山なる奈良県は、ある意味天然の要害によって守られ、自然災害は少ない。穏やかな自然環境は山岳信仰を育み、その歴史・伝統・文化は多くの山域に残り、山々に色濃く影響を与えている。

●大峰山系

紀伊山地の中核をなす山脈は、総延長150キロ、標高1500メートル以上の名のある山50座を有し、主稜線には「奥駈道《おくかけみち》」とよばれる「祈りの道」が吉野山から熊野本宮大社まで続いている。山々の歴史は古く、大峯山は7世紀に役ノ行者によって開山され、8世紀には空海（弘法大師）が吉野山から高野山にいたる山々を踏破。近代に入ると明治28年、白井光太郎が楊枝の宿でオオヤマレンゲを発見、大正12年には大町桂月が弥山《みせん》を訪れている。奥駈道の中間点、釈迦ヶ岳《しゃかがたけ》では大正13年、伝説の強力、岡田雅行によって釈迦如来銅像が担ぎあげられ、昭和になると泉州山岳会などにより登山コースが開拓、発表され、近代登山の時代を迎えた。開山以来1300年、大峰には登山の歴史・文化・伝統が息づいている。

●台高山系

通称「台高山脈」で知られる。大台《おおだい》ヶ原《はら》から高見山《たかみやま》にいたる三重県境の山脈で、大峰山脈と並走し、冠松次郎も絶賛したという大杉谷《おおすぎだに》や東《ひがし》ノ川など、いくつもの大渓谷を深く刻みこむ。台高山脈南部に位置する大台ヶ原は自然公園の様相を呈するが、一歩、表通りをはずれると、西大台ヶ原のような深い樹海や密林である。懸崖には中ノ滝、西ノ滝に代表される長瀑、豪瀑が白布を懸け、赤倉山《あかくらやま》西尾根（通称、白髭《しらひげ》尾根）や竜口《りゅうご》尾根など人影薄い長大な側脈が自然を残す。そこにはイワザクラ、ムシクイスミレなどの高山植物、アケボノツツジ、シロヤシオなどの群生がみられる。山麓の東吉野鷲家《わしか》は明治30年、日本オオカミが終焉をむかえた地として知られ、深山幽谷の名残を今にとどめている。

●奥高野・果無山系

崖又山《がけまたやま》、鉾尖山《ほこさいやま》、伯母子岳《おばこだけ》のように、離れた山々と、和歌山県境に連なる冷水山《ひやみずやま》、石地力山《いしじりきやま》のよう

葛城古道から音羽三山・額井岳など青垣の山々

大台ドライブウエイ入口付近から大普賢岳の全容

弥山の立枯トウヒ林から雲海の奥高野

な果無《はてなし》山系、および、大天井《おおてんじょう》ヶ岳《たけ》から天辻《てんつじ》峠を経て陣《じん》ヶ峰《みね》にいたる「弘法大師の道」のごとき連山が混在する。「紀伊山地の霊場と参詣道」のひとつ、「小辺路《こへち》」は高野山から熊野本宮にいたる平安時代からの古道。毎年、多くのトレッカーが訪れる。まさに奥深く、歴史の襞も深い山域である。空海の高野山開山ののち、時代の転換期ごとに多くの歴史を刻み込んできた。南朝哀史、源平盛衰史、幕末動乱史跡などに加え、熊野信仰の伝説や山麓の温泉伝承など、興味深い事象の多い山域である。

●生駒・金剛山系

奈良県の西に位置する大阪府との境に連なる山々である。山脈は金剛山《こんごうさん》、大和《やまと》葛城山《かつらぎさん》を中心に、南は和歌山県境の紀見《きみ》峠から、北は生駒山にいたる。竹之内峠から紀見峠までの主稜線にはダイヤモンドトレール（縦走路）があり、トレイルランや縦走登山が行われる一方、随所に修験道の行場や役ノ行者ゆかりの地も残る。また、金剛山は花の山としても知られ、沢や尾根からいくつものコースが開がれている。さらに、金剛、大和葛城、生駒山にはケーブルが通じ、名所旧跡を擁することもあり、数多くのハイカーやファミリーが四季を通じて訪れる。

●室生・倶留尊山系

奈良県東部、三重県との境に独立峰のように屹立する山々を連ねる火山群。どの山も概して南東面が柱状節理の岩壁で急峻だが、北西面は穏やかな曲線を描き、曽爾《そに》高原にみられるような美しく穏やかな姿が特徴である。山麓・山中に伊勢神宮参道や紀州街道といった歴史街道をもち、室生寺や仏隆寺など古刹も多い。その中には、大和茶発祥の地や桜の古木・巨木の観光名所となっているものも少なくない。

●奈良中部の山々

奈良盆地とその周辺の山々は、概ね北和、中和、西和、南和に大別される。飛鳥時代から親しまれてきた里山だけに、歴史に登場した人物の伝説、あるいは伝承、歴史物語といった舞台に登場する名山で占められる。万葉集に詠まれた風景そのままの大和《やまと》三山や若草《わかくさ》山、あるいは、大化の改新の舞台となった談山《かたらいやま》、藤原鎌足伝説の御破裂山《ごはれつやま》、明日香の遺跡群、山辺《やまのべ》の道など、歴史愛好家にも好まれるハイキング向きの山域である。

●四季の魅力

春　弁天《べんてん》ノ森《もり》にマンサクが花開くころ、聖宝《しょうぼう》八丁《はっちょう》のブナ林にバイケイソウが緑の新芽をのぞかせる。弥山の大町桂月の歌碑は、まだ半分雪の中に埋もれているが、南の釈迦《しゃか》ヶ岳《たけ》では鉄鉢岩の脇でオオミネコザクラが可憐な花を咲かす。やがて台高山脈でもミツバツツジが稜線を飾ると、山辺の道や飛鳥路は「咲く花の匂うが如く……」で、青垣の山々は春爛漫となる。

夏　観音峰《かんのんみね》や学能堂山《がくのどうさん》からベニバナヤマシャクヤクの花便りが届くと、和佐又山《わさまたやま》や弥山・八経ヶ岳の鞍部では「天女花」オオヤマレンゲが霧の中に咲く。水が恋しくなる時期、東ノ川源流部、中ノ滝や西ノ滝などでは、クライマーが大滝や垂壁に挑戦する声が弾ける。

秋　山麓の棚田が黄金色になり、飛鳥路や葛城古道の畦道が彼岸花で縁取られると、曽爾高原ではススキの根方でナンバンキセルが密かに花を開く。ウルシ、ツタが色づき、稜線のナナカマドやガマズミの実がルビーの輝きを蒼空に映せば、秋はピアニッシモだ。

冬　奈良中部の山懐で冬牡丹の藁帽子が雪を冠るころ、西高東低の気圧配置が続くと、大峰・台高山系の懐深くの滝が氷瀑に姿を変え

紅葉の前鬼川・不動七重ノ滝

清浄大橋付近から厳冬の西ノ覗岩・鷹ノ巣岩

明日香稲渕の菜の花

上：吉野山上千本高城山の紅葉
下：大台ヶ原、霧のシャクナゲ坂

果無集落から振り返る小辺路の峰々

る。明神平《みょうじんだいら》や和佐又山のブナ林が霧氷をつけ、スノーシュートレッキングのコースになれば、冬山初心者の雪山天国である。

●山行上の注意点

　奈良県の山、その多くは標高1000㍍にも満たない低山である。そこでは道迷い、転倒といった初歩的な事故が多い。一方、大峰、台高、奥高野の山々は、北部と南部で気象条件が異なり、道迷いに加え、滑落、落石、疲労などによる遭難もある。特筆すべきは、北アルプスの稜線との違いで、樹木が視界を閉ざして高度感を隠すため、危険を察知しにくくする点である。また、厳冬期の1000㍍を超える山々では、岩壁からの滲み出しが道を凍らせ、その上に新雪が載っている場所も少なくない。うっかり乗るとアイゼンの爪が届かず、思わぬ事故になることもある。「訪れる山を事前に知る楽しさ」を知り、基礎知識を身につけたら、限りなく魅力に満ちた「奈良県の山」を、ぜひ楽しんでほしい。

玉置山付近から南奥駈道の夜明け

本書の使い方

■日程　大阪・奈良市を起点に、アクセスを含めて、初・中級クラスの登山者が無理なく歩ける日程としています。

■歩行時間　登山の初心者が無理なく歩ける時間を想定しています。ただし休憩時間は含みません。

■歩行距離　2万5000分ノ1地形図から算出したおおよその距離を紹介しています。

■累積標高差　2万5000分ノ1地形図から算出したおおよその数値を紹介しています。は登りの総和、は下りの総和です。

■技術度　5段階で技術度・危険度を示しています。は登山の初心者向きのコースで、比較的安全に歩けるコース。は中級以上の登山経験が必要で、一部に岩場やすべりやすい場所があるものの、滑落や落石、転落の危険度は低いコース。は読図力があり、岩場を登る基本技術を身につけた中～上級者向きで、ハシゴやクサリ場など困難な岩場の通過があり、転落や滑落、落石の危険度があるコース。は登山に充分な経験があり、岩場や雪渓を安定して通過できる能力がある熟達者向き、危険度の高いクサリ場や道の不明瞭なやぶがあるコース。は登山全般に高い技術と経験が必要で、岩場や急な雪渓など、緊張を強いられる危険箇所が長く続き、滑落や転落の危険が極めて高いコースを示します。

■体力度　登山の消費エネルギー量を数値化することによって安全登山を提起する鹿屋体育大学・山本正嘉教授の研究成果をもとにランク付けしています。ランクは、①歩行時間、②歩行距離、③登りの累積標高差、④下りの累積標高差に一定の数値をかけ、その総和を求める「コース定数」に基づいて、10段階で示しています。が1、が2となります。通常、日帰りコースは「コース定数」が40以内で、～（1～3ランク）。激しい急坂や危険度の高いハシゴ場やクサリ場などがあるコースは、これに～（1～2ランク）をプラスしています。また、山中泊するコースの場合は、「コース定数」が40以上となり、泊数に応じて～もしくはそれ以上がプラスされます。紹介した「コース定数」は登山に必要なエネルギー量や水分補給量を算出することができるので、疲労の防止や熱中症予防に役立てることもできます。体力の消耗を防ぐには、下記の計算式で算出したエネルギー消費量（脱水量）の70～80㌫程度を補給するとよいでしょう。なお、夏など、暑い時期には脱水量はもう少し大きくなります。

	時間の要素		距離の要素		重さの要素
行動中のエネルギー消費量（kcal） ＝	1.8×行動時間（h）	＋	0.3×歩行距離（km）＋10.0×上りの累積標高差（km）＋0.6×下りの累積標高差（km）	×	体重（kg）＋ザック重量（kg）
	山側の情報 ―「コース定数」				登山者側の情報

＊kcalをmlに読み替えるとおおよその脱水量がわかります

01

八経ヶ岳

天女花咲く近畿の屋根を歩く

はっきょうがたけ
1915m

一泊二日

1日目　歩行時間＝3時間15分　歩行距離＝4・5km
2日目　歩行時間＝5時間25分　歩行距離＝12・5km

技術度
体力度

コース定数＝**35**
標高差＝815m
累積標高差　1315m　1807m

八経ヶ岳から弥山方面

明星ヶ岳付近から頂仙岳

深田久弥は日本百名山のひとつ「大峰山《おおみねさん》」を、山上《さんじょう》ヶ岳《たけ》から弥《み》山《せん》・八経ヶ岳へと縦走しているが、その最高峰・八経ヶ岳へ行者還《ぎょうじゃがえり》トンネル西口から日帰りで登頂できるようになって以来、「百名山」を目指す多くの人が、このコースを利用するようになった。しかし、本当の「大峰山」の魅力を味わいたいなら、せめて八経ヶ岳から明星《みょうじょう》ヶ岳《たけ》、日裏山《ひうらやま》をめぐり、深田久弥も歩いたという天川川合《てんかわかわい》への道をたどってみたい。

第1日　行者還トンネル西口から駐車場手前の小壷《こつぼ》谷右俣の橋を渡り、右岸沿いの道へ入る。5～6分進み、小橋を渡ると、いきなり急坂となって樹林の中を尾根伝いに

■鉄道・バス
往路＝近鉄吉野線下市口駅から奈良交通バス54分で天川川合へ。ここでタクシーに乗り換え、30分で行者還トンネル西口へ。
復路＝天川川合から奈良交通バス54分で近鉄下市口駅へ。

■マイカー
南阪奈道路を橿原市で国道169号へ、大淀で国道370号に入り、下市交差点を左折。国道309号を天川川合で左折、最初の分岐を右に選び、川迫川沿いに行者還トンネル西口へ。有料駐車場を利用する。

■登山適期
4月下旬～11月中旬。花の咲く時期に訪れるなら、シャクナゲ、シロヤシオの5月下旬、オオヤマレンゲ、ショウキランの7月上旬～中旬。紅葉は10月中旬～11月上旬が見ごろ。

■アドバイス
▽行者還トンネル西口からの道は木の根、露岩の急坂、聖宝八丁の木製階段は雨天や濃霧の場合、すべりやすいので注意。
▽頂仙岳からナベの耳への下りは右の尾根への迷いこみに注意。
▽オオヤマレンゲの花は例年7月7日前後が見ごろ。
▽人数が4人なら、下市口駅から行者還トンネル西口までタクシーに乗る方法もある。なお、天川タクシー（☎0747・63・0015）は1

弥山から八経ヶ岳

登るようになる。シャクナゲが多く茂り、木の根がからむ露岩の急坂を喘ぎ登ると、小

台のみなので、事前に予約が必要。

■問合せ先
天川村役場企画観光課☎0747・63・0321、奈良交通☎0742・20・3150

■2万5000分ノ1地形図
弥山・南日裏

CHECK POINT

1 布引谷右俣の支流の小橋を渡れば奥駈道への急坂が待っている。すべる露岩や木の根に注意していこう

2 奥駈道出合には丸太を輪切りにした椅子がある。シロヤシオの花期なら周囲が飾られる

3 弁天の森は苔むすトウヒの原生林に囲まれ、朽ち木には7月上旬にショウキランが見られる

4 聖宝理源大師像の前をすぎると、かつて「行者泣かせ」といわれた聖宝八丁の登りがはじまる

5 聖宝八丁旧道出合まで来ると、後方に大台ヶ原から高見山へと連なる台高山脈が望まれる

6 トウヒ林の転石道から小さな鉄バシゴを登ると、緑の苔が美しい弥山小屋に到着する

壷谷右俣からの担荷道を左から迎えるあたりで植生が変わる。ミヤコザサを敷き詰めた明るいシロヤシオの疎林に囲まれ、ひと登りすると**奥駈道《おくがけみち》出合**へ着く。シロヤシオの花期なら、周囲は花の回廊になることだろう。

ここからは緩やかに上下する稜線を歩き、岩が転がるトウヒの森に入れば、苔むす弁天《べんてん》の森《もり》に着く。

日裏山から釈迦ヶ岳方面

イタヤカエデやブナ林が続く道から、弥山・八経ヶ岳を垣間見ると、やがて**聖宝《しょうぼう》ノ宿《しゅく》跡**に着く。

聖宝理源大師坐像の前をすぎれば、かつて「行者泣かせ」といわれた聖宝八丁《しょうぼうはっちょう》の旧道を左に見送り、階段道を登る。長い階段が終わり、やがて旧道出合に着けば展望が開け、大普賢岳《だいふげんだけ》や大台《おおだい》ヶ原《はら》が望まれる。

↑5月から9月、大峰奥駈道を歩けば、本物の行者に出会うこともある
←7月上旬から中旬は、オオヤマレンゲの季節。朝霧が流れる時間が見ごろだ

旧道出合をあとにすると、両側の植生がトウヒに変わり、小さな鉄バシゴをすぎると、やがて鮮やかな緑の苔が覆う台地へ出て、**弥山小屋**に着く。時間が許せば、小屋に荷物を置いて、**弥山**の頂を訪れ、トウヒの立枯れ林の向こうに沈む夕日を眺めるのもいい。

第2日　弥山小屋の東南にある国見八方睨みでご来光を拝したら、朝食をすませ、出かけるとしよう。**弥山小屋**からは南側の森を抜け、露岩の急坂を下って鞍部からオオヤマレンゲ保護地へ行き、獣避けゲートをくぐる。花期ならオオヤマレンゲが道の両側に咲くのを眺められるだろう。

保護地のゲートを出て、露岩帯を登れば**八経ヶ岳**の頂だ。晴れた日なら、北は山上《さんじょう》ヶ岳《たけ》から大普賢岳、東は台高《だいこう》山脈、目を転じれば釈迦《しゃか》ヶ岳《たけ》から遠く奥高野《おくこうや》の山々と、山座同定は枚挙に暇がない。

大展望に満足したら指呼の間にある明星《みょうじょう》ヶ岳《たけ》を目指し、弥山辻《みせんつじ》へ下ろう。**弥山辻**から登り返して、枯れ木立の**明星ヶ岳**山頂に立つ。

山頂を辞して**弥山辻**へ戻ったら、奥駈道を離れ、西へのびる緩やかな尾根を**日裏山《ひうらやま》**まで行く。釈迦ヶ岳や七面山《しちめんざん》をはじめ、奥高野の山々を望む好展望の山頂だ。

続いて、トウヒの林を抜け、高《たか》崎横《さきよこ》手《て》分岐を経て、**頂仙岳《ちょうせんだけ》**へ直登する。東に展望が得られ、弥山、八経ヶ岳や大普賢岳が望まれる。

頂仙岳からは右の枝尾根へ誘い

八経ヶ岳付近から頂仙岳

CHECK POINT

7 弥山小屋からは5～6分で弁財天を祀る弥山山頂へ行ける

8 オオヤマレンゲは弥山と八経ヶ岳の鞍部に設けられた保護地に咲く

9 八経ヶ岳山頂から北の方を眺めると、弥山小屋がジオラマのようだ

10 明星ヶ岳へは、弥山辻から直登4～5分で行ける

11 日裏山への道は緩やかな起伏の尾根道だ

12 日裏山の山頂から南を眺めると七面山や釈迦ヶ岳が間近だ

13 高崎横手の分岐から狼平へ向かえば弥山小屋、北進すれば天川川合へ向かう

14 頂仙岳の山頂に立つと弥山や大普賢岳が東の方に見える

15 金引橋分岐付近はブナやオオイタヤメイゲツの美林で、芽吹きや紅葉がみごと

16 朽ちた木製の桟橋が残る1518㍍峰のトラバースを行く

17 栃尾辻の避難小屋から直進すれば坪ノ内、ここは右折して天川川合方向へ

18 川迫川の吊橋を渡って、右折すれば、三差路の左に天川川合のバス停がある

こまれないように注意しながら北進して、鞍部のナベの耳へ下る。ブナ、イタヤカエデなどの美林の中、大峰山脈らしい雰囲気を満喫しつつ、稜線をたどれば、**金引橋《かねひきばし》分岐**を経て**栃尾辻《とちおつじ》**へ出る。栃尾辻避難小屋の前からは右の道を行く。忠実に尾根道をたどれば、やがて坪《つぼ》ノ内《うち》からの林道に下り立つ。右に行者還岳から稲村《いなむら》ヶ岳《たけ》、観音峰《かんのんみね》への山々を眺めつつ、30《メートル》ほど先の左へ道がカーブしたところにある道標から再び山道に入る。鉄塔の脇を3つ通過して、樹林の尾根を陣《じん》ノ峰《みね》から**門前山《もんぜんやま》**へと進み、右に川迫《こうせい》川の流れを俯瞰すると、やがて道は山腹へと移り、U字溝の長い階段状の急坂を下ると、役場の建物を左に見る疎水路に突き当る。右折して水道施設横を行けば民家前の道へ出る。道なりに進んで川迫川の吊橋を渡り、右の三差路へ行けば、左の総合案内所の前が**天川川合《てんかわかわい》バス停**だ。

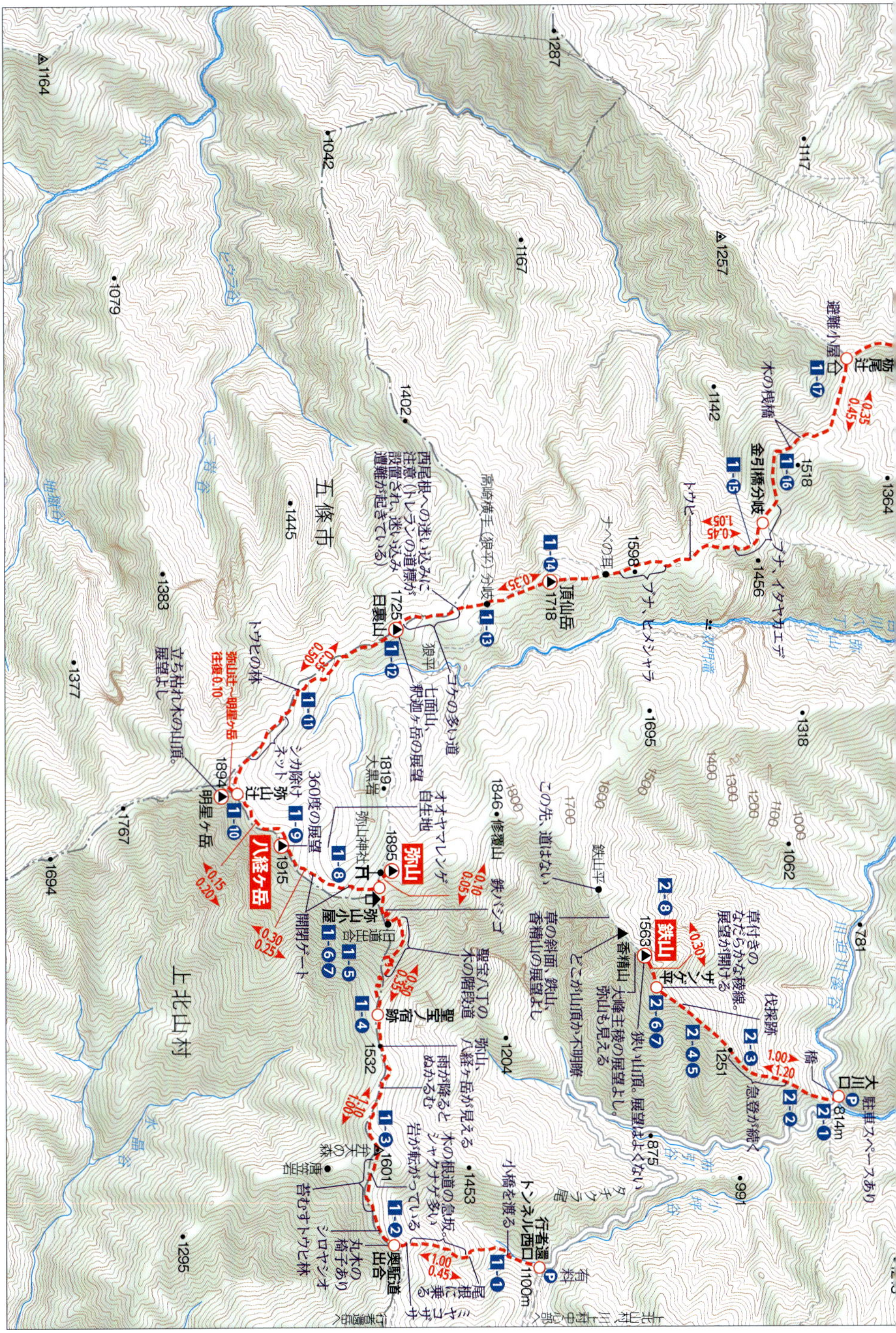
八経ヶ岳
弥山
鉄山
五條市
上北山村
明星ヶ岳
弥山辻
頂仙岳
日裏山
狼平
金引橋分岐
栃尾辻
避難小屋台
行者還トンネル西口
奥駈道出合
聖宝ノ宿跡
弥山小屋
弥山神社
旧道出合
大川口
駐車スペースあり
狭い山頂。展望はよくない
急登が続く
伐採跡
草付きのなだらかな稜線。展望が開ける
大峰主稜の展望よし。弥山も見える
どこが山頂か不明瞭
草の斜面。鉄山、香精山の展望よし
この先、道はない
鉄山平
修覆山
オオヤマレンゲ自生地
360度の展望
シカ除けネット
開閉ゲート
聖宝八丁の木の階段道
弥山、八経ヶ岳が見える
雨が降るとぬかるむ
木の根道の急坂。シャクナゲ多い
岩が転がっている
丸木の椅子あり
苔むすトウヒ林
尾根に乗る
七面山、釈迦ヶ岳の展望
コケの多い道
西尾根への迷い込みに注意（トレランの道標が設置され、迷い込み遭難が起きている）
高崎横手（狼平）分岐
立ち枯れ木の山頂。展望よし
トウヒの林
弥山辻～明星ヶ岳往復0.10
ブナ、ヒメシャラ
ブナ、イタヤカエデ
トウヒ
木の桟橋
1915
1895
1894
1819
1846
1725
1718
1598
1563
1532
1601
1100m
814m

02 川迫川源流の山々を見わたす弥山の前衛

鉄山《てっせん》 1563m

日帰り

歩行時間＝3時間20分
歩行距離＝4.5km

技術度
体力度

コース定数＝**15**

標高差＝749m

累積標高差 714m 714m

川迫川ダムから眺める鉄山

天川《てんかわ》村の川迫《こうせい》川ダム湖から東を眺めると、弥山《みせん》から東へのびる尾根の末端に3つの尖峰が望まれる。「三つ塚山」の異名をもつ鉄山である。

天川川合《てんかわかわい》バス停からタクシーで**大川口**《おおこぐち》まで行き、川迫川にかかる橋を渡った袂の右、神童子《じんどうじ》水位雨量観測所への鉄桟橋の途中から左の山道へ入る。道は尾根をたどる杣道のため、鉄砲登りが1251メートル付近にある肩の伐採跡まで続く。

「社有林立入禁止」の看板の先で植生が人工林から自然林に変わり、木の間越しにバリゴヤの頭《かしら》や山上《さんじょう》ヶ岳《たけ》などが姿を見せる。さらに、ブナ林の中を登っていくと、少しずつ視界が開け、左に大きく根を張るタチクラ尾が目線の高さになり、弥山へ続く聖宝八丁《しょうぼうはっちょう》への稜線が見えてくる。振り返れば、行者還岳《ぎょうじゃがえりだけ》、大普賢岳《だいふげんだけ》が望まれる。

やがて、尾根幅が広がると傾斜が緩み、オオイタヤメイゲツの林を抜け、広々とした伐採跡の斜面に出る。西に大きく視界が開け、栃《とち》ヶ山《やま》、櫃《ひつ》ヶ岳《たけ》といった大峰の前衛山脈が遠くにスカイラインを描く。眼下に川迫川が銀帯を蛇行させ、バリゴヤの頭から稲村《いなむら》ヶ岳《たけ》へ続く尾根も目前に迫る。

伐採跡から先へ進むと、正面に顕著なコブを見る**ザンゲ平**《だいら》に着く。ここも展望が開け、弥山が姿を見せる。この先は狭い尾根の急登である。正面のコブを越え、狭い鞍部へ下ると鉄山への登りとなり、狭い尾根をいっきに登りきれば**鉄山**の頂に着く。残念ながら樹木にさえぎられ、わずかに木の間越しに展望が得られるだけである。

展望が得たければ香精山《こうしょうざん》を越え、白子谷乗越《しらこだにのっこし》の草付斜面（俗称、鉄山平《てっせんだいら》）まで足をのばすこともできるが、この先、修覆山から弥山へは天川弁財天の神域で私有地。入山禁止になっている。

下山は来た道を忠実に下る。

顕著なコブの上からは行者還岳や大普賢岳が見える

■鉄道・バス
往路＝近鉄下市口駅から奈良交通バス54分で天川川合まで行き、タクシーで大川口登山口まで。ただし、天川タクシー（☎0747・63・

鉄山平から眺める鉄山と大普賢岳

CHECK POINT

1 大川口から鉄山の登山へは、水位計の鉄桟橋の途中左側にある私設道標を目印にする

2 樹林帯の木の間越しに山上ヶ岳方面を垣間見るのをなぐさめに急坂を直登する

3 登るにつれ、振り返ると奥駈道の山々や行者還岳が姿を現してくる

4 伐採跡地へ出ると川迫川を眼下にして、栃ヶ山、櫃ヶ岳など大峰前衛の山々が一望される

5 伐採跡地から尾根道に戻って疎林の中をザンゲ平へ向かう

6 ザンゲ平まで来ると布引谷をはさんで弥山の全容が目前に迫る

7 タチクラ尾から弁天ノ森聖宝八丁の稜線を左に見て、ザンゲ平から顕著なコブを登る

8 私設の山名板が多数残された鉄山山頂は展望が悪く、東側がわずかにのぞける程度

0015）は1台のみなので、事前に予約が必要。

復路＝天川川合から奈良交通バス54分で近鉄下市口駅へ。大川口から天川川合までタクシーを利用する場合は、事前に予約が必要。

■マイカー
大阪方面から南阪奈道路を橿原市で降りて、国道169号を大淀へ。国道370号に入り、下市で左折、千石橋を渡り、国道309号を天川川合から行者還トンネル手前の大川口へ。神童子谷側に駐車スペース（6台分程度）がある。

■登山適期
4月下旬～11月下旬がベスト。

■アドバイス
▽高度差700《メートル》を超える直登かつ急登のやせ尾根コースで、健脚向き。
▽水場はないので事前に用意すること。
▽鉄山から弥山、弥山から鉄山のルートは私有地で神域のため、入山禁止になっている。毎年のように遭難騒ぎも起きているので、自粛のこと。

■問合せ先
奈良交通☎0742・20・3100、天川村役場☎0747・63・0321、洞川温泉観光協会☎0747・64・0333

■2万5000分ノ1地形図
弥山・南日裏

＊コース図は14・15《ページ》を参照。

03

「男たちの山」――世界遺産の聖地を歩く

山上ヶ岳

さんじょうがたけ
1719m

日帰り

歩行時間＝7時間50分
歩行距離＝20・0km

技術度
体力度

コース定数＝**34**
標高差＝884m
累積標高差 ↗1300m ↘1300m

清浄大橋付近から山上ヶ岳

洞辻茶屋付近から稲村ヶ岳を望む

奈良県に「大峯山《おおみねさん》」という名称の山は存在しない。ただし、一般的に「大峯山」といえば、修験道の聖地である「山上ヶ岳」を指している。その山上ヶ岳は1300年の歴史と伝統を誇る「禊」の場、「男たちの山」であり、関西では男子15歳までに大峯山に詣でなければ一人前の男とは認められなかったことで、世界に知られる名山である。

また、俳人曾良が「大峯や吉野の奥を花の果て」の句を残しているように、大峯山・山上ヶ岳は、ヤマザクラやシャクナゲをはじめ、多くの高山植物が見られる、まさに、花の名山でもある。

そんな山上ヶ岳へは、日本男児たる者、一度は訪れてみたいものだ。**洞川《どろがわ》温泉バス停**から、まず、龍泉寺《りゅうせんじ》を訪れ、登山の安全を祈願して出発しよう。もし、山ははじめてで、登拝体験をしたければ、嶺霧露会《ねむろかい》（奈良山岳自然ガイド協会の大峯山専門ガイド）に頼むのもいいだろう。

龍泉寺の山門を出たら、山上《さんじょう》川に群れ泳ぐアマゴを見て朱塗りの橋を渡り、創業数百年という旅館が軒を連ねる温泉街を通り抜ける。嫁ヶ茶屋の坂を上がり、名水百選のひとつ「ゴロゴロ水」の水汲み場を左にし、**母公堂《ははこどう》**を経て**清《せい》浄《じょう》大橋**まで行く。

橋を渡り、女人結界石の門をくぐれば、静寂と霊気が支配する世界に入る。つづら折りに続く整備された道を、杉木立を縫って緩やかに登ると、一《いち》ノ世《せ》茶屋跡を通って、山襞をからみ登る道になり、一本松茶屋の中を通り抜ける。

茶屋の先で「赤石平」と書かれた私設名板を見るが、昔、「赤石ひじ」とよばれていた赤い岩クズの道だ。南アルプスの赤石岳《あかいしだけ》のラジオラリヤ岩盤にも似た道の先で鉄階段を上がると、植林が途切れたあたりから大天井《おおてんじょう》ヶ岳《たけ》が視界

■鉄道・バス
往路＝近鉄下市口駅から奈良交通バス1時間18分で洞川温泉バス停下車。
復路＝洞川温泉バス停から奈良交通

山上ヶ岳お花畑のササ原から稲村ヶ岳と奥駈道の山々

西ノ覗捨身修行

妙覚門をくぐる修験者

バス1時間18分で近鉄下市口駅へ。

■マイカー
大阪方面から南阪奈道を橿原市で降りて、国道169号を大淀へ。国道370号に入り、下市で左折、千石橋を渡り、国道309号を天川川合の交差点で左折、温泉街を通り抜け、母子堂を経て、清浄大橋の有料駐車場へ。

■登山適期
4月上旬～12月上旬。

■アドバイス
▽公共交通機関利用の日帰り登山は困難。洞川温泉に泊り、早朝、出発し往復がベター。日程に余裕があれば1300年の歴史をもつ嶺霧露会の専門ガイドを雇い、山上ヶ岳宿坊に泊って話しを聞くのも楽しいだろう。問合せは梶隆広代表（奈良県吉野郡天川村洞川179−2）へ。
▽コース中に危険箇所はないが、油こぼし、鐘掛岩、鞍掛の岩は、クサリ、フィックスロープが設置された岩場。慎重に行動したい。
▽下山後は洞川温泉（☎0747・64・0800）で汗を流して帰るとよい。

■問合せ先
天川村役場企画観光課 ☎0747・63・0321、奈良交通☎0742・20・3150

■2万5000分ノ1地形図
洞川・弥山

油こぼし付近から大天井ヶ岳を振り返る

に入る。傾斜を緩めた道は、やがて**お助け水**に着く。さらに、二少年遭難碑を経て、吉野からの奥駈《おくがけ》道《みち》出合まで行けば、皇太子殿下ご来訪記念碑が残る**洞辻茶屋**《どろつじ》へと入る。

　尾根上に転じた道は陀羅助《だらすけ》茶屋を経て、松清《まつきよ》茶屋の中を通り抜けた先で、尾根西面を横切る横駈道と尾根東面のクサリと急な階段の道に分かれる。ここでは、油こぼしとよばれる東面のクサリ場を登って、役ノ行者坐像の前へ出る。ここから右へ鐘掛岩をエスケープ

大峰山の玄関口にある竜泉寺

できるが、まっすぐ展望台へ行き、鐘掛岩《かねかけいわ》のクサリ場を登りたい。岩場を攀じ登って**鐘掛岩**の岩頭に立てば、洞川温泉街を眼下にし、さえぎるもののない展望が得られる。

　鐘掛岩からは南側の鞍部へ下りて、横駈道を右から迎えたら、登拝記念塔が立ち並ぶ道を進み、お亀石《かめいし》を通り、鷹《たか》ノ巣《す》岩《いわ》を経て、大峯参詣の核心ともいえる西《にし》ノ覗《のぞき》岩《いわ》へ行く。事前に頼んでおけば捨《しゃ》身修行《しんしゅぎょう》の体験もできる岩頭からは、稲村《いなむら》ヶ岳《たけ》を指呼の間にし、西から北部の山々まで望まれる。

　覗岩からは石段道をあがり、宿坊群を左右にして妙覚門《みょうかくもん》をくぐれば、大峯山寺山上蔵王堂が建つ山頂広場に着く。**山上ヶ岳**山頂は本堂前から右へ少し登った木立の中にある。

　山頂お花畑、日本岩をめぐったら、来た道を**洞辻茶屋**まで戻り、奥駈道を吉野《よしの》方面へ向かう。ロープを伝い鞍掛の岩場を下って、**今**《いま》**宿**《じゅく》**跡**まで来ると、ブナ古木の並木が美しい穏やかな稜線を通って**鍋冠**《なべかむり》**行者**《ぎょうじゃ》の祠へ下る。周囲が雑

木と植林に変わったら**五番関**の広場に着く。釈杖のレプリカ横の急坂を下って、あずまやがある**五番**《ごばん》**関**《ぜき》**登山口**へ下りたら、舗装林道を道なりにくだって**毛**《げ》**又**《また》**橋**を渡る。あとは**母公堂**を経て、往路を**洞川温泉バス停**へ行けばよい。

右上：鞍掛の岩場などに咲くシャクナゲ／右下：日本岩から蓮華辻などに咲くシロヤシオ／左上：お助け水付近の杉林に花を開くコアジサイ／左下：龍泉寺の宿坊や日本岩で見られるシコクフウロ

CHECK POINT

1 洞川温泉の街並み。右側の建物が洞川温泉バス停。直進すれば龍泉寺である

2 母公堂は、役ノ行者の母親、渡都岐(とつき)氏を祀るかつての女人結界

3 茶店前の駐車場から目指す山上ヶ岳を仰いで清浄大橋を渡って女人結界門へ

4 女人結界を一歩入れば静寂な森に霊気を感じる

5 洞辻茶屋への途中には、お助け水がある。必要なら湧水を補給して行こう

6 洞辻茶屋から鐘掛岩方面を見上げれば、霧の向こうからホラ貝の音が響く

7 草鞋履き替え場をすぎ、油こぼしへの道へ入ると長い階段道がクサリ場へ導く

8 鐘掛岩から見下ろすと展望台に立つ人や役ノ行者像が小さく見える

9 5～9月の夏山シーズンの大峰山では修験者に出会うことも多い(等覚門付近)

10 鷹ノ巣岩を右にすれば、西ノ覗岩への登りにかかる。捨身修行の体験もできる

11 山上ヶ岳山頂部の広々としたササ原がお花畑とよばれている

12 五番関・吉野への道へ入れば山上ヶ岳も見納めとなる

13 鞍掛岩のクサリ場は2段約50メートルのロープが張られている

14 今宿跡の石標をすぎればブナの並木道を通って鍋冠行者へ向かう

15 中華鍋が残る鍋冠行者をすぎ、二分する道を尾根にとって五番関へ

16 五番関(女人結界)に向かって、右の錫杖から杉林の急坂を下る

1105
1401
1306
1304
女人結界門、
錫杖のレプリカが立つ
4-8
4-7
クサリ
横駈道
1314
急坂
クサリ
1211
3-15
4-6
U字に削られた道
あずまや
五番関
鍋冠行者
道不明瞭
五番関登山口
3-16
ブナの美林
4-5
3-14
百六十丁石（遭難碑）
今宿跡
1448
一本松茶屋
1075
大天井岳が見える
赤石原
露岩の道
約50mのロープ
3-13
鞍掛岩（蛇腹）
1479
山上ヶ岳が見える
3-12
1225
3-5
お助け水
天川村
1397
露岩の道
一少年遭難碑
3-6
洞辻茶屋
（浄心門）
陀羅助茶屋
松清茶屋
1523
965
川瀬谷
覗谷
草鞋履き替え場
3-7
油こぼし
鐘掛岩
3-8
鐘掛横断
下山路
1648
林道終点
5-1
急坂
ゴーロ
休憩小屋跡
覗谷出合
1345
3-9
お亀石
3-10
鷹ノ巣岩
等覚門
西ノ覗岩
妙覚門
クサリ
東ノ覗岩
沢を渡る
5-2
日本岩
大峰山寺
山上宿坊
1719
山上ヶ岳
3-11
5-3
階段
沢を渡る
急坂
お花畑
ルンゼを横断
蓮華辻
5-4
女人結界
念仏山
栈橋
栈橋
高崎横手
狼平
栈橋
クモクビ塚
1642
鞍部
山上辻
5-5
稲村ヶ岳山荘
WC
1544
岩壁下を横切る
5-6
ハシゴ
5-8
大日山
1689
大日キレット
5-7
クサリ、ハシゴ
稲村ヶ岳
クサリ
1726
ミオス尾分岐
ミオス尾
ミノクサ尾
1418
994
1559
1372
1354
1354㍍峰分岐
神童尾展望台
4-4
90度曲がる
ブナ林の尾根
東南から西に
180度の展望
834
杉の植林帯の
狭い尾根
最低鞍部
小さい鞍部
4-3
1246
勝負塚山
小さなコブ
西に山上ヶ岳を望む
25ページの地図に続く
1203
1148
茶屋ノ谷
1373
1384
927
上多古川
阿古滝
1505
1685
1616
小笹ノ宿避難小屋
1725
竜ヶ岳
1616
大取谷
ノウナシ谷
1569
大普賢岳へ

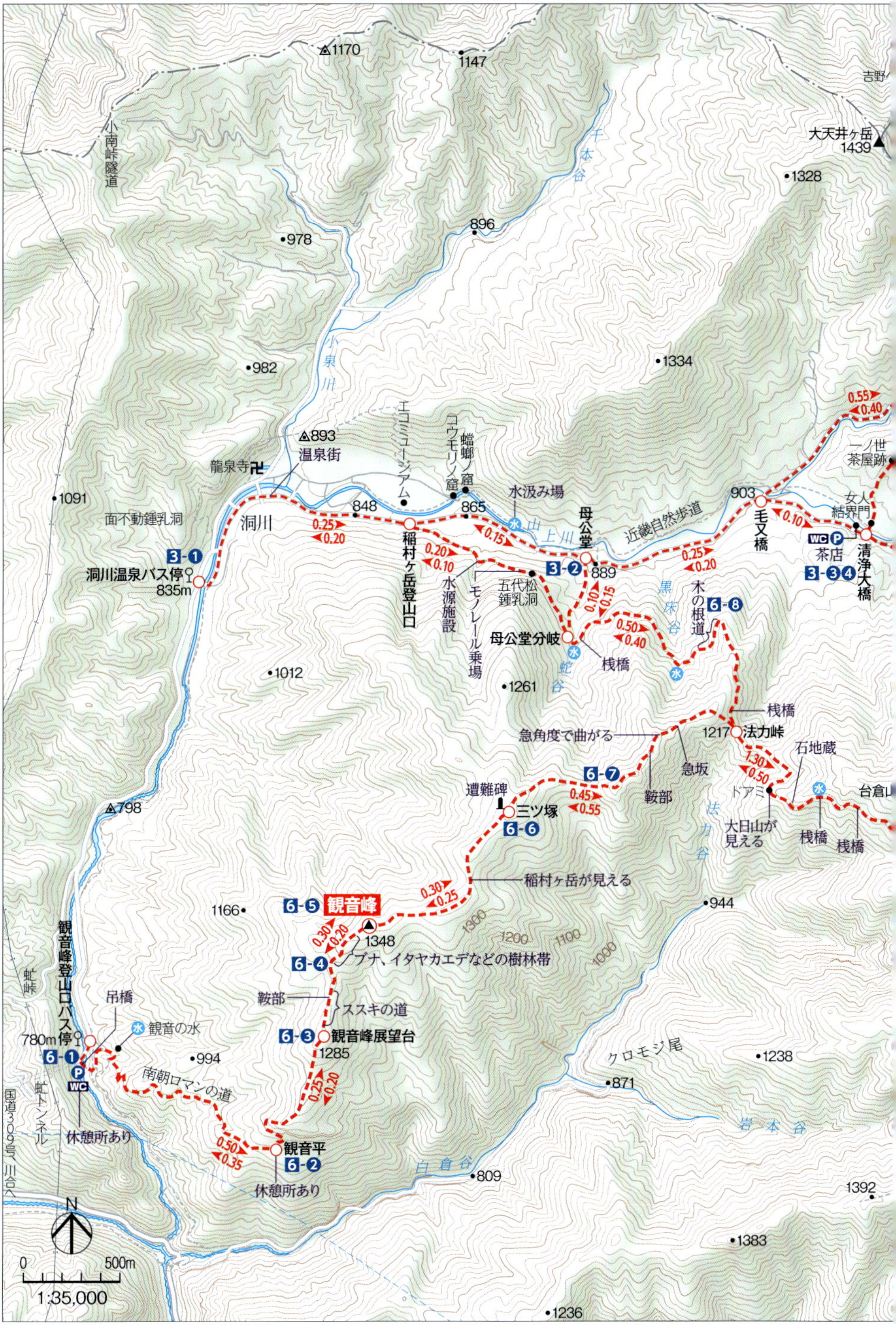
1170
1147
吉野
小南峠隧道
千本谷
大天井ヶ岳
1439
1328
978
896
982
小泉川
1334
エコミュージアム
蟷螂ノ窟
コウモリノ窟
893
温泉街
龍泉寺
1091
848
865
水汲み場
903
一ノ世茶屋跡
女人結界門
面不動鍾乳洞
洞川
山上川
母公堂
近畿自然歩道
毛又橋
茶店
清浄大橋
3-1
洞川温泉バス停
835m
稲村ヶ岳登山口
水源施設
モノレール乗場
五代松鍾乳洞
3-2
889
3-3 3-4
黒床谷
木の根道
6-8
母公堂分岐
蛇谷
桟橋
1012
1261
桟橋
1217
法力峠
急角度で曲がる
急坂
石地蔵
6-7
鞍部
ドアミ
台倉山
遭難碑
三ツ塚
6-6
法力谷
大日山が見える
桟橋
桟橋
798
稲村ヶ岳が見える
944
1166
6-5
観音峰
1348
観音峰登山口バス停
6-4
ブナ、イタヤカエデなどの樹林帯
虻峠
吊橋
鞍部
ススキの道
観音の水
780m
6-3
観音峰展望台
1285
6-1
994
クロモジ尾
1238
871
南朝ロマンの道
虻トンネル
国道309号、川合へ
休憩所あり
観音平
6-2
岩本谷
白倉谷
809
休憩所あり
1392
1383
0
500m
1:35,000
1236

04

日帰り

勝負塚山

大峰参詣道から行く古道の隠れ峰

しょうぶづかやま
1246m（最高地点＝1448m／今宿跡）

歩行時間＝8時間15分
歩行距離＝15・5km

技術度
体力度

コース定数＝34
標高差＝1113m
累積標高差 1419m 919m

勝負塚山近くのコブから山上ヶ岳方面を望む

勝負塚からは山上ヶ岳の宿坊群が手に取るようだ

上多古《こうたこ》集落から西方を眺めると、山上《さんじょう》ヶ岳《たけ》を守るように鋭く天を突く鋭鋒が望まれる。大峰《おおみね》参詣の古道とともに、忘れられた伝説の隠れ名峰、勝負塚山である。

上多古バス停から国道を南へ行き、上多古川を渡ってすぐに右折、林道を行く。上谷《こうだに》林道を左に見送って「勝負塚山へ」の道標がある**イツボ谷出合**まで行き、橋を渡ったら、イツボ谷右岸の道を簡易水源施設まで行く。ここから左の植林の山腹を登り、ワイヤーの張られた小滝を横断、**掛小屋跡**（旧木馬道終点）へ。ここで左の「山想遊行」の名板がある山道へ入る。

つづら折りに登っていけば**五合目**の標識を見る。傾斜が増した踏跡を、木の根、岩角、ロープをつかんで登る。

やがて傾斜が緩くなると勝負塚山東稜へ出る。アセビの茂る狭い尾根を右に左にからんで登れば、**七合目**の道標が現れ、そびえ立つ勝負塚山を眼前に仰ぐ。さらに尾根を登りつめれば、三角点標石が残る**勝負塚山**に登り着く。

樹間に山上ヶ岳を望む頂を辞したら、西へ尾根を伝い、岩頭の上へ出る。左側へ木の根や岩角をつかんで下り、小さなコブを踏み越え、**最低鞍部**に出る。狭い植林尾根の急坂を1354㍍峰分岐まで登り、植林帯を抜ければ、南に大きく展望が開け、通称・**神童《じんどう》尾《お》展望台**に着く。

展望台からは、疎林の明るい尾根を登って**今宿《いまじゅく》跡**まで行く。ここからは世界遺産の大峰奥駈道《おおみねおくがけみち》である。稜線の道を右、五番関《ごばんぜき》方面へ進めば、美しいブナの巨木の中、稜線漫歩が鍋冠行者《なべかむりぎょうじゃ》まで続く。

鍋冠行者の祠から植林境界尾根を緩やかに登り下れば、**五番関**の広場に着く。洞川《どろがわ》温泉へは左へ下り、あずまやがある五番関登山口から毛又谷《げまただに》林道を**毛又橋**へ出て、山上川沿いの道を**洞川温泉バス停**を目指す。

■鉄道・バス
往路＝近鉄大和上市駅から奈良交通バス59分で上多古バス停下車。柏木に泊まり、翌朝タクシーでイツボ谷出合へ行けば1時間短縮できる。
復路＝洞川温泉バス停から奈良交通バス1時間10分で近鉄下市口駅へ。
■マイカー

CHECK POINT

1 イツボ谷出合への途中から勝負塚山を見上げつつ、上多古川右岸の林道をイツボ谷出合へ

2 七合目付近から見た勝負塚山は黒々とそびえ立って見える

3 狭い勝負塚山の頂には山名板と三角点があり、南側の木の間から山上ヶ岳を望む

4 南から東に展望が開ける通称神童尾展望台からは、山上ヶ岳方面が一望できる

5 今宿跡から鍋冠行者へ向かう途中、U字にえぐられた道で山上ヶ岳へ向かう登山者に出会う

6 残雪に囲まれた鍋冠行者の小祠をあとにすると、植生が杉林に変わり、狭い尾根を行く

7 小さくアップダウンするやせ尾根を五番関に向かって下っていく

8 五番関直前の山腹道は樹林の急斜面になって、尾根の西側からからみ下る

山頂往復コースとするなら、マイカーの利用もプランできる。名阪国道郡山ICまたは南阪奈道路から国道169号を上多古へ。バス停先の橋を渡り右折、林道を上谷分岐手前まで行く。分岐から先は通行禁止のため、手前の駐車スペースを利用。

■登山適期

4月上旬～5月上旬、10月中旬～11月下旬。

■アドバイス

▽本コースの逆コースの場合、勝負塚山から簡易水源施設まで急峻な悪路の下りが続く。軽い気持ちでの入山は禁物。

▽5月中旬～10月中旬まで勝負塚山付近はヤマヒルが多い。この時期を避けるか、ヤマヒル対策が必要。

▽積雪期、残雪期はアイゼン、ザイル必携で、上級者向きコースになる。

▽往路のバス便は南部地域連携コミュニティバス「国道169号ゆうゆうバス」の1日1便しかない。復路のバスも事前に確認のこと。

■問合せ先

奈良交通☎0742・20・3150、川上村役場水源地課☎0746・52・0111、川上タクシー☎0746・54・0141、洞川温泉観光協会☎0747・64・0333

■2万5000分ノ1地形図

洞川

＊コース図の後半は22・23ジペーを参照。

05

稲村ヶ岳

いなむらがたけ
1726m

清流の渓谷から高山植物咲く岩峰へ

日帰り

歩行時間＝8時間45分
歩行距離＝18・5km

技術度

体力度

コース定数＝**36**	
標高差＝891m	
累積標高差	↗1369m ↘1369m

観音峰から稲村ヶ岳を望む。中央の尖鋒は大日山で、「稲叢」に見える

山上《さんじょう》ヶ岳《たけ》西南の支峰、稲村ヶ岳（大日山《だいにちやま》）の山名由来は、山麓の岩本《いわもと》谷方面から眺めるとよくわかる。まさに「稲叢」の形に似ているのだ。鋸歯状の岩峰に高山植物を咲かせ、「女人大峰」として知られ、人気の高い山である。

紅葉の大日キレットから弥山・八経ヶ岳方面を覗く

近鉄下市口《しもいちぐち》駅前から奈良交通バスを利用、終点の**洞川《どろがわ》温泉**で下車。温泉街を通り抜け、嫁《よめ》ヶ茶屋、ゴロゴロ水駐車場、**母公堂《ははこどう》**を通って、**清浄《せいじょう》大橋**を目指す。左に朱塗りの橋と女人結界門を睨み、川瀬《こうぜ》谷左岸の**林道を終点**まで行く。

母公堂と五代松鍾乳洞分岐の近くに咲くテンニンソウ

木の階段道から樹林の山道に入り、**覗谷《のぞきだに》出合**の休憩所跡を経て蓮華坂《れんげさか》谷を渡る。急な階段道を登り、クサリの水平道をすぎ、涸れ沢へ入る。夏なら、このあたりヤマアジサイが群落をつくって登山者の目を楽しませてくれる。

ブナ、カエデ、トチなどの緑したたる道は、左からの小沢を通り、右岸へ移る。沢を離れてつづら折りに登ると、左に女人結界門のある**蓮華辻《れんげつじ》**に着く。尾根道を右に選び、山腹をからんで、稲村ヶ岳山荘がある**山上辻《さんじょうつじ》**へ行く。

稲村ヶ岳山荘の前から、ブナ林の尾根をたどり、大日山東面を巻いてキレットへ出る。初夏なら岩壁やルンゼにオオミネコザクラ、コケモモ、ミヤマダイコンソウなどが咲く道だ。右のやせ尾根をクサリやハシゴ伝いに登って、**大日山**の頂を往復したら先へ進む。

■鉄道・バス
往路＝近鉄下市口駅から奈良交通バス1時間18分で洞川温泉バス停下車。

周囲がシャクナゲに覆われると御殿屋敷《ごてんやしき》である。右へ30㍍も行けば**稲村ヶ岳**の山頂展望台に着く。山上ヶ岳を指呼の間にし、大普賢《だいふげん》岳《だけ》、弥山《みせん》、八経《はっきょう》ヶ岳《たけ》が望まれる。

展望に満足したら、もと来た道を**山上辻**まで戻る。ここからは左、法力《ほうりき》峠への道を行く。いくつもの桟橋を通り、石地蔵を右にして、ドアミから振り返ると、大日山が「稲叢」の形をして見送ってくれる。

水場をすぎ、**法力峠**まで来ると、植生は人工林になり、道は洞川温泉に向かって下っている。五代松《ごようまつ》鍾乳洞の前を通り、林道の**稲村ヶ岳登山口**に出たら、あとは**洞川温泉バス停**へ行くだけである。

稲村ヶ岳から大日山を見る

CHECK POINT

1 林道終点から山道へ入ると、しばらくは樹林の中、急坂を登れば休憩小屋跡に出る

2 流木や倒木が踏跡を乱れさせる涸れ沢のゴーロを通過して蓮華谷へ

3 急な木製の階段道を上がると狭い道に水平にクサリがつけられた小沢を横切る

4 蓮華辻の女人結界門からは右の尾根から山腹をからむ足場の悪い道になる

5 念仏山とクモクビ塚の鞍部を乗り越すと憩いの場、稲村ヶ岳山荘の広場に着く

6 稲村ヶ岳山荘からは大日山北側基部へ出て側壁をトラバースする

7 大日山側壁のトラバースをすぎると、急坂がキレットまで続く

8 大日山山頂には祠があり、女人大峯の登拝者が供える花が途切れることがないという

復路＝洞川温泉バス停から奈良交通バス1時間18分で近鉄下市口駅へ。

■マイカー
大阪方面から南阪奈道を橿原市で降りて、国道169号を大淀へ。国道370号に入り、下市で左折、千石橋を渡り、国道309号を天川川合の交差点で左折、温泉街を通り抜け、母子堂を経て、清浄大橋の有料駐車場へ。

■登山適期
4月下旬～11月下旬。オオミネコザクラ、コケモモの花は4月中旬、シャクナゲ、サラサドウダンは4月下旬～5月初旬、ヤマアジサイ、タニウツギは6月中旬が見ごろ。紅葉は10月中旬～11月上旬まで楽しめる。

■アドバイス
▽公共交通機関利用の日帰り登山は困難。洞川温泉泊がベター。
▽キレットから岩本谷への下降コースは熟達者向きコース。安易に踏み込むのは危険。
▽洞川温泉は日帰り温泉施設の洞川温泉（☎0747・64・0800）以外に、各旅館で入浴だけでも快く受け入れてくれる。

■問合せ先
天川村役場企画観光課☎0747・63・0321、奈良交通☎0742・20・3150

■2万5000分ノ1地形図
洞川・弥山

＊コース図は22・23㌻を参照。

06

大峰山脈の北部を一望する展望台の山

観音峰

日帰り

かんのんみね
1348m（最高地点＝1380m／三ツ塚）

歩行時間＝4時間10分
歩行距離＝10・0㎞

技術度

体力度

コース定数＝**20**

標高差＝600m

累積標高差 853m 798m

観音峰は稲村《いなむら》ヶ岳《たけ》からのびる側脈の枝尾根にある里山だが、かつては一部の登山愛好家しか訪れることのない「隠れ名山」で、大峰《おおみね》山脈北部を一望できる展望台として知られている。

観音峰展望台はススキの高原だ

近鉄吉野《よしの》線下市口《しもいちぐち》駅から奈良交通バスで**観音峰登山口**下車。来た道を虻《あぶ》トンネル口の観音峰登山口まで戻る。御手洗《みたらい》渓谷にかかる吊橋を渡り、植林帯の登山道を約10分ほど登ると観音の水が現れる。

観音峰の人気の花、ベニバナヤマシャクヤク

かたわらに南朝の歴史を記したレリーフがあり、「南朝ロマンの小径」と称し、観音峰頂上まで随所に設置されてる。

道が山腹南面で水平になると、左に展望台があるが、植林の成長で展望は得られない。先へ進むと、鉄小橋がかかる小沢を3つ渡り、山襞を回りこむように登るようになる。住居跡をすぎ、自然林になると**観音平**に着く。南朝ゆかりの神社跡で、休憩所と石畳の広場がある。

休憩所の横から石段を登って、岩屋の分岐を左へ進む。植林境界の丸太階段道を登れば尾根へ出る。植林帯を抜け、ススキの斜面を登ると周囲が開け、**観音峰展望台**の石柱に着く。大峰山脈北部の峰々がパノラマとなって展開する。

360度ほしいままの眺望を楽しんだら、小道を北へ向かう。ススキの原をすぎ、雑木林の急坂を登ると尾根へ出る。自然林の道が植林境界沿いになると、まもなく**観音峰**に登り着く。残念ながら展望は得られない。

山頂からは、北東に植林境界尾根を進む。小さなアップダウンを繰り返すと**三《み》ツ塚《づか》**に出る。樹間に稲村ヶ岳を眺め、遭難碑をすぎ、いくつか起伏を越えて、ロープがつけられた急坂を下る。小鞍部からコブを登り返すと**法力《ほうりき》峠**に下り着く。

峠で左折して大きく山襞を巻いて下れば、五代松《ごようまつ》鍾乳洞と**母《はは》公堂《こどう》分岐**に出る。いずれを選んでも、**稲村ヶ岳登山口**を経て、大差なく、**洞川温泉バス停**へ行ける。

■鉄道・バス

往路＝近鉄下市口駅から奈良交通バス1時間2分で観音峰登山口バス停下車。

復路＝洞川温泉バス停から奈良交通バス1時間18分で近鉄下市口駅へ。

弥山、八経ヶ岳を眺める

CHECK POINT

1 観音峰登山口の吊橋を渡ると杉植林帯の階段道を登って南朝歴史レリーフがある観音の水に着く

2 住居跡の石積を通って鳥居をくぐればひと息入れるによい観音平に着く

3 観音峰展望台の巨大石柱からは360度の展望、大峰北部の山々が一望できる

4 展望台から北へ向かい、鞍部から登り返して観音峰へ植林境界を登る

5 観音峰の山頂広場はひと息入れるのによいが、残念ながら展望は得られない

6 観音峰から三ツ塚へは緩やかな植林境界の道だが、三ツ塚からは露岩混じりの尾根を歩く

7 狭い尾根の脇に残る古い遭難碑付近の岩塊に立つと、稲村ヶ岳、クロモジ尾がよく見える

8 法力峠からは山襞をからみ下る長い道程だ。母公堂分岐まで木の根道もある

■マイカー
大阪方面から南阪奈道を橿原市で降り、国道169号を大淀へ。国道370号に入り、下市で左折、千石橋を渡り、国道309号を天川川合の交差点で左折、新虻トンネルを通り抜け、観音峰登山口駐車場へ。

■登山適期
通年登られている。コブシ、バッコヤナギは4月中旬、ヤマシャクヤクは4月下旬～5月初旬、ベニバナヤマシャクヤクは6月中旬に咲く。ススキや紅葉は10月中旬～11月上旬。

■アドバイス
▽みたらい渓谷もみじ祭り開催中は道路混雑が予想される。電車やバスの利用がおすすめ。ただし、便数が少ないので事前にダイヤを確認すること。
▽洞川温泉には日帰り温泉の洞川温泉センター（☎0747・64・0800）がある。温泉街の旅館でも日帰り入浴はできる。
▽積雪期は軽アイゼン必携。観音峰から法力峠へ向かう場合、スノーシューを持参すること。冬山経験のあるリーダー同行が望ましい。

■問合せ先
天川村役場企画観光課☎0747・63・0321、奈良交通☎0742・20・3150

■2万5000分ノ1地形図
洞川・弥山・南日裏

＊コース図は22・23㌻を参照。

07

「関西の前穂高岳」の異名をもつ大峰山脈の峻峰

大普賢岳《だいふげんだけ》

1780m

一泊二日

1日目　歩行時間＝1時間15分　歩行距離＝3・5km
2日目　歩行時間＝8時間　歩行距離＝14・5km

技術度 ■■■□□
体力度 ■■■□□

コース定数＝**43**
標高差＝1065m
累積標高差 ↗1959m ↘1959m

大普賢岳から行者還岳、弥山、八経ヶ岳の山並みを望む

見返り台地から大普賢岳

大峰《おおみね》山脈きっての峻峰として知られる大普賢岳への登路は、その南に連なる国見岳《くにみだけ》、七曜岳《しちようだけ》などの山々をめぐり、無双洞《むそうどう》から和佐《わさ》又山《またやま》へ戻る周回コースが一般的である。このコースを歩くには和佐又ヒュッテに泊り、翌早朝出発するのがよいだろう。

第1日　和佐又山登山口バス停からは林道を行き、途中から沢道をとれば**和佐又ヒュッテ**に着く。夜、運がよければムササビの飛翔を見られるかもしれない。

第2日　和佐又ヒュッテをあとに、朝日を背中に受けて広い坂道を登り、見返り台地から**和佐又のコル**に出る。ブナやヒメシャラの尾根を登り、指弾《しだん》ノ窟《いわや》、笙《しょう》ノ窟《いわや》など窟の前を通って、岩本《いわもと》新道を見送れば、ルンゼをからむ露岩の登りを経て**日本岳《にほんだけ》のコル**に着く。

コルからは左へ鉄バシゴ、桟橋を登れば石ノ鼻に着く。ここから山腹のハシゴを登り、小普賢《しょうふげん》の肩に出る。肩から大普賢岳の鞍部へ下り、東壁上部のハシゴまで行く。連続する桟橋、ハシゴを登り、ロープを伝えば険路も終わり、奥《おく》駈道《がけみち》に合する。大普賢岳は左へ数分で着く。

大普賢岳山頂で大峰山脈をくまなく見わたす大展望に満足したら南へ下り、水太覗《みずふとのぞき》から弥勒岳《みろくだけ》、薩摩転《さつまころ》び、**国見岳《くにみだけ》**を通って屏風《びょうぶ》横駈《よこがけ》から稚児泊《ちごどまり》へ出る。稚児泊から大普賢岳展望台、七ツ池を通り、露岩尾根をアップダウンすれば、狭い**七曜岳**の頂だ。

西側に眺望を得たら無双洞へ向かう。分岐の道標で主稜線を離れ、木の根道を下る。岩塊のハシゴから樹林帯へ出たら、二重山稜で迷い込みに注意して、山腹から小尾根の鞍部へ。

鞍部から左下の沢へ下り、**無双洞**まで行く。水簾《すいれん》ノ滝頭を左岸に渡り、山腹を巻いて進めば涸れ沢に出る。沢から岩壁につけられたクサリやアングルを登り、底無井戸を経て山腹の水平道に出たら、

■鉄道・バス
登山口の和佐又ヒュッテへの公共交

和佐又のコルを目指す。**和佐又のコル**からは右の尾根道を進む。**和佐又山**頂上に立ち、今日、踏み越えてきた奥駈道の山々を望み、山に別れを告げたら、帰路は東の尾根を**和佐又ヒュッテ**へ下ればよい

大普賢岳展望台から眺める大普賢岳

CHECK POINT

1 身軽なアタック装備でキャンプ場をあとにして、広い坂道を見返り台地へ向かう

2 ブナ、ヒメシャラの美林を登れば、指弾ノ窟で最初のハシゴが現れる

3 岩を削って道を広げ、クサリを設置した山腹道はいくつもの窟の前を通っていく

4 笙ノ窟は修験の場。不動明王の祠の奥には湧水がある

5 日本岳のコルからは連続する階段を上がり、石ノ鼻からさらにハシゴ、桟橋を行く

6 山頂東側の水平道から奥駈道の出合まで来れば大普賢岳山頂へは数分だ

7 大普賢岳の山頂は南から西へと180度、途切れることのない好展望だ

8 東側が切れ落ちた水太覗から大普賢岳を振り返る

9 屏風横駈へのクサリ場から大普賢岳が迫力ある姿をみせる

10 台地状の稚児泊は南北に広く、秋には紅葉が周囲を埋める

11 念仏橋の別名をもつ水平桟橋をすぎると狭い七曜岳の頂だ

12 水簾ノ滝上にある無双洞の前から沢を左岸へ移り、底無井戸へ

通機関はない。ただし大台ヶ原行きの奈良交通バス（期間運行）や国道169号ゆうゆうバスが新伯母峯トンネル南側の和佐又山登山口を経由するので利用できる（便数少ない）。

■マイカー
大阪方面からは阪神高速から南阪奈道路を橿原市へ向かい、国道169号を大淀経由で南下、伯母峰トンネル南口で右折、和佐又ヒュッテ手前の無料駐車場へ。

■登山適期
4月中旬～11月中旬が適期。花の見ごろは、シャクナゲ、ヤマシャクヤクが4月下旬～5月初旬、オオヤマレンゲ、シロヤシオが5月中旬～下旬、ヤマユリが7月中旬～下旬。紅葉は10月中旬～11月上旬。

■アドバイス
▽クサリ、鉄バシゴ、桟橋が整備され、道標も充実しているが、悪天候や残雪時は入山を避けたい。マイカー利用の日帰り登山も可能だが、ロングコースでアップダウンも大きい。安全を期すなら和佐又ヒュッテに泊まり、早朝の出発が望ましい。

■問合せ先
ツーリズムかみきた☎07468・2・0102、奈良交通☎0742・20・3100、和佐又ヒュッテ☎07468・3・0027

■2万5000分ノ1地形図
弥山

山上ヶ岳へ
川上村中心部、大和上市駅へ
伯母ヶ峰へ
川上村
1144
大峯奥駈道
1132
7-6
奥駈道分岐
780
大普賢岳
小普賢の肩
7-5
石ノ鼻
鞍部
小普賢岳
日本岳のコル
7-3
日本岳
笙ノ窟
朝日窟
1505
1326
指弾ノ窟
7-2
岩本新道分岐
7-4
7-7
岩本新道
和佐又北コース分岐
新伯母峯トンネル
沢道分岐
工事中
和佐又展望コース
952
巨木ふれあいルート分岐
ロッジ
無料
和佐又スキー場
見返り台地
アサリとアングル
九助の尾
底無井戸
岩本新道出合
1336
涸沢（ゴーロ）
苔むすゴロタ道
無双洞分岐
歌碑
有料
ヒュッテ和佐又
和佐又谷
公衆電話あり
和佐又山登山口バス停
715m
和佐又のコル
1065
7-12
水簾滝
湧水
道標
1344
和佐又山
7-1
1055
169
1200
1100
1000
900
800
和佐又トンネル
1201
水太谷
586
高田和谷
1082
594
天ヶ瀬川
990
日浦
上北山村
562
1085
926
天ヶ瀬
525
北山川
821
309
ナメゴ谷
755
918
169
309
469
西原
上北山村中心部へ

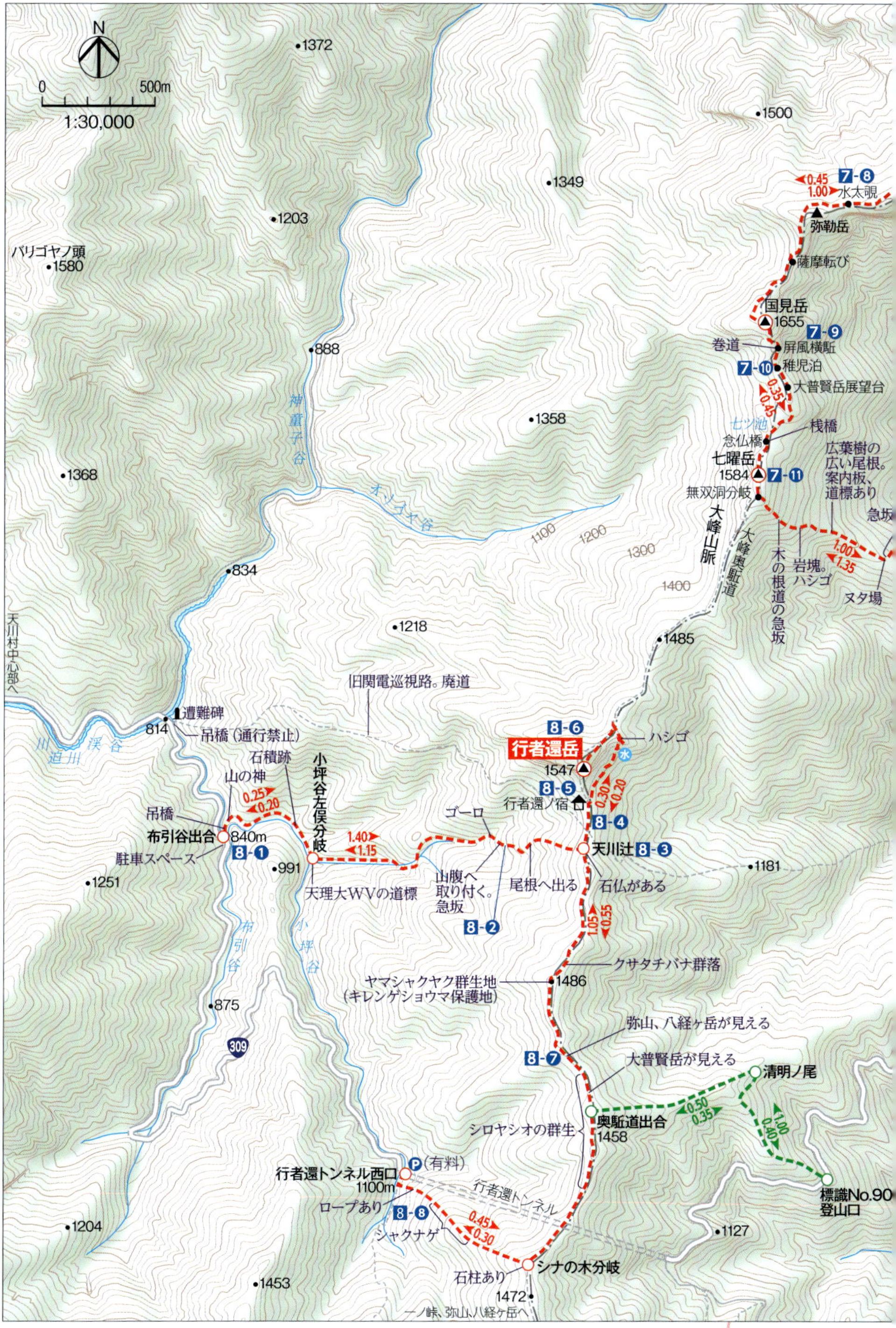

N
0
500m
1:30,000
1372
1500
1349
0.45
1.00
7-8
水太覗
弥勒岳
1203
バリゴヤノ頭
1580
薩摩転び
国見岳
1655
7-9
巻道
屏風横駈
7-10
稚児泊
888
大普賢岳展望台
0.35
0.40
1358
七ツ池
急仏橋
栈橋
七曜岳
1584
7-11
広葉樹の広い尾根。案内板、道標あり
1368
無双洞分岐
神童子谷
オソゴヤ谷
急坂
大峰山脈
大峰奥駈道
1100
1200
1300
木の根道の急坂
岩塊。ハシゴ
1.00
1.35
ヌタ場
834
1400
天川村中心部へ
1218
1485
旧関電巡視路。廃道
遭難碑
814
吊橋（通行禁止）
8-6
ハシゴ
川迫川
渓谷
行者還岳
1547
水
石積跡
小坪谷左俣分岐
山の神
8-5
0.25
0.20
行者還ノ宿
0.30
0.20
吊橋
ゴーロ
8-4
布引谷出合
840m
1.40
1.15
天川辻
8-3
8-1
駐車スペース
991
1181
山腹へ取り付く。急坂
尾根へ出る
石仏がある
1251
天理大WVの道標
布引谷
小坪谷
8-2
1.05
0.55
クサタチバナ群落
ヤマシャクヤク群生地（キレンゲショウマ保護地）
1486
875
309
弥山、八経ヶ岳が見える
8-7
大普賢岳が見える
清明ノ尾
奥駈道出合
0.50
0.35
1.00
0.40
シロヤシオの群生
1458
P（有料）
行者還トンネル西口
1100m
行者還トンネル
標識No.90登山口
ロープあり
8-8
0.45
0.30
1127
1204
シャクナゲ
石柱あり
シナの木分岐
1453
1472
一ノ峠、弥山、八経ヶ岳へ

08

役ノ行者伝説が残る花の名山

行者還岳《ぎょうじゃがえりだけ》

1547m

日帰り

歩行時間＝4時間20分
歩行距離＝6・5㎞

技術度

体力度

コース定数＝**19**
標高差＝707m
累積標高差 ↗910m ↘650m

役ノ行者が、あまりの嶮しさに引き返したという伝説が山名となった行者還岳は、鮫の背びれのような特異な山容をしているが、花の名山でもある。

行者還岳から一ノ垰への稜線はシロヤシオの花回廊

近鉄下市口《しもいちぐち》駅から洞川《どろがわ》温泉行き奈良交通バスに乗り、天川川合《てんかわかわい》バス停で下車。予め予約しておいたタクシーで**布引《ぬのびき》谷出合**まで行く。吊橋を渡り、小坪《こつぼ》谷右岸の道を**左俣分岐**へ向かい、天理大学WV部の道標から左俣右岸の踏跡をたどる。

いったん谷へ下りて左岸寄りに進む。右岸に戻るとゴーロ帯に入り、すぐに右の急な山腹を斜上する。尾根上に出たら、やがて左に行者還岳が姿を見せ、奥駈道《おくがけみち》の**天《てん》川辻《かわつじ》**に着く。稜線を左へ5分ほど行くと行者還ノ宿（小屋）がある。

小屋に不要な荷物を置いて山頂を往復することにしよう。奥駈道を北へ進み、水源のルンゼを左に見てハシゴを登り、行者還岳の肩へ出る。奥駈道から左にはずれる踏跡を行けば、シャクナゲが茂る**行者還岳**山頂に着く。三角点標石と錫杖のレプリカから東へ行けば、絶壁から弥山《みせん》や八経《はっきょう》ヶ岳《たけ》など、稜線の山々が一望できる。

下山は来た道を忠実に引き返して、行者還小屋にデポした荷物を回収し、**天川辻**を経て1486㍍峰を踏み越える。6月中旬にはクサタチバナの大群落が見られる道だ。

キレンゲショウマの保護地から石灰岩の露出した道を1458㍍峰との鞍部へ下る。正面に弥山、八経ヶ岳を眺め、明るい稜線を登り返す。振り返れば大普賢岳の鋸歯状尾根が美しい。花期なら、このあたりから一《いち》ノ垰《たお》にかけ、約2㌔近くの稜線がシロヤシオの花の回廊となる。

小さくアップダウンを繰り返す道の右に鉄山《てっせん》を見ると、ほどなく石柱道標が立つ**シナの木分岐**に着く。奥駈道を離れ、右へ下れば、シャクナゲが茂る露岩の急坂になる。ロープ伝いに下れば**行者還トンネル西口**に下り着く。あとは予約したタクシーで天川川合へ。

1486㍍峰に咲くクサタチバナの群落

■鉄道・バス

往路＝近鉄下市口駅から奈良交通バス54分で天川川合バス停下車。タクシーで登山口の布引谷出合へ向か

弥山、八経ヶ岳を展望する

CHECK POINT

1 布引谷出合の吊橋を渡って小坪谷へ。右岸の道を行けば、木立にテープ付けられ、天理大 WV の道標がある

2 沢を離れ急坂の西側山腹を登り、尾根を乗り越して南側の山腹をからんで登る

3 石仏が坐している天川辻は天ヶ瀬道と小坪谷への道が奥駈道と交差する

4 行者還小屋への道の右にある送電鉄塔の撤去跡から台高山脈を山座同定する

5 行者還岳の直下に建つ行者還小屋にはトイレも備えられ、冬期でも使える避難小屋となっている

6 行者還山頂の南東岩壁の上へ出ると、奥駈道や弥山、八経ヶ岳の展望が楽しめる

7 クサタチバナ、ヤマシャクヤクの花が見られる1486㍍峰を越え、次の1458㍍峰への登路から振り返る

8 シナの木分岐（石柱）から行者還トンネル西口へ下る急坂にはロープが張られているが、崩れやすいの注意

う。タクシーは天川タクシー（☎0747・63・0015）に要予約。

復路＝予約しておいた天川タクシーで天川川合バス停まで行き、奈良交通バス54分で近鉄下市口駅へ。

■マイカー

布引谷出合か行者環トンネル西口起点の往復になる。大阪方面からは阪神高速、南阪奈道路を橿原市で降り、国道169号を大淀経由で南下、伯母峰トンネルを経て、天ヶ瀬で右折、トンネル西口で駐車する。

■登山適期

4月上旬〜11月下旬。花は、ミツバツツジが5月中旬、シロヤシオ、ヒメレンゲは6月初旬、ヤマシャクヤク、クサタチバナ6月中旬。紅葉は10月上〜中旬。

■アドバイス

▽行者還岳の登下降は短い距離だが、急な岩場のハシゴがある。慎重に行動しよう。

▽シナの木分岐（奥駈道）から行者還トンネル西口への下りは露岩混じりの急坂、ロープはあるが落石に注意したい

■問合せ先

天川村役場企画観光課☎0747・63・0321、奈良交通☎0742・20・3150、洞川温泉☎0747・64・0800

■2万5000分ノ1地形図

弥山

＊コース図は33㌻を参照。

大台ヶ原の全容（又剱山から）

09

日帰り

大台ヶ原 日出ヶ岳

開放的な見どころ満載の東大台ヶ原を周遊する

おおだいがはら（ひでがたけ）
1695m（日出ヶ岳）

歩行時間＝3時間30分
歩行距離＝7.0km

技術度
体力度

コース定数＝13	
標高差＝121m	
累積標高差	↗ 465m / ↘ 465m

「日本百名山」のひとつである大台ヶ原は、わが国有数の多雨地帯としても知られ、周囲全体が急峻な懸崖で囲まれた隆起準平原という特異な地形を示す。大きく分けて、深い原生樹林に覆われ、入山規制されている西大台ヶ原と最高峰の日出ヶ岳、巴岳《ともえだけ》、正木嶺《まさきみね》、正木《まさき》ヶ原《はら》、牛石《うしいし》ヶ原《はら》によって構成される東大台ヶ原に分けられる。ここでは家族連れでも楽しめる東大台ヶ原を周遊しよう。

大台ヶ原バス停に着いたらビジターセンターに立ち寄って、最新の情報を得よう。ビジターセンターを出たら、すぐ右の道（案内板がある）へ入り、最初の分岐、中道を右に見送り、日出ヶ岳へ向かう。小沢を3つ通ると、右からシオカラ谷が接近し、このあたりからコンクリートの階段道になる。

階段道を登りつめると**正木嶺の鞍部**にある展望台に出る。鞍部から左へ進み、木製階段を登ると**日出ヶ岳**の山頂だ。展望台からは熊野灘《くまのなだ》や台高、大峰山脈など360度の展望を思いのままにできる。天候に恵まれた早朝なら、駿河の富士山も望めるという。

山頂を辞したら、**正木嶺の鞍部**まで戻ってまっすぐ進み、広い階段木道を登る。広々とした正木嶺からは、立枯れの白骨林とイトザサの草原、広大な展望を楽しみつつ、ところどころに休憩場所がある木道階段を下り、ヌタ場がある鞍部からシロヤシオの林を通って正木ヶ原へ向かう。

シカの群れ遊ぶ正木ヶ原から溝状の歩きにくい道を下り、あずまやがある**尾鷲辻**《おわせつじ》へ。ここで中道と出合ったら、広い散策路を神武天皇の銅像が立つ**牛石ヶ原**へ行く。魔物を封じ込めたという伝説の牛石から石畳の道を通り、森へ入ると左に大蛇嵓《だいじゃぐら》への小道が分岐する。左へ露岩を踏んで進むと花期にはアケボノツツジに飾られる**大蛇嵓の展望台**に着く。

大蛇の背を思わせる岩の張出しに立ち、東《ひがし》ノ川へ切れ落ちる不動

大蛇嵓への途中に咲くシャクナゲ

■鉄道・バス
往路・復路＝近鉄大阪・橿原線大和

返しの絶壁、白布を落とす長瀑、大峰山脈の大パノラマなどを眺めたら、来た道を**分岐**へ戻り、左へ進んでシャクナゲ坂からシオカラ谷へ向かう。緩やかな下り坂は両側にシャクナゲの大群落を見るあたりからU字状にえぐれた急坂になり、**シオカラ谷吊橋**に出る。

橋を渡ると急な石段の登りとなる。坂を登りつめると傾斜が緩み、うっそうとした原生林に入るが、再び急な階段道になって、針葉樹林帯を離れ、旧大台山の家への水平道に出合うまで続く。ブナ、イタヤカエデの美林が広がる水平道へ出たら左へ進み、今朝、出発した**大台ヶ原バス停**まで行けばよい。

大蛇嵓から不動返しとリュウゴ尾根

八木駅から奈良交通バス3時間で終点の大台ヶ原バス停下車。

■マイカー
京阪神方面からは南阪和道または京奈和自動車道経由で大和上市から国道169号を伯母峰トンネル前で右折、大台ヶ原ドライブウェイを大台ヶ原駐車場（無料）へ。

■登山適期
通年。ただし、大台ヶ原へのバスの運行期間は4月中旬～11月下旬のみ。日出ヶ岳のシャクナゲ、大蛇嵓付近のアケボノツツジはいずれも初夏に咲く。シロヤシオは5月中旬。イタヤカエデ、モミジの紅葉とブナ、ミズナラの黄葉は10月上旬。

■アドバイス
▽東大台コースに危険箇所はないが、雨天などの場合、木製の階段道や大蛇嵓周辺はすべりやすくなるので注意したい。
▽マイカー利用の場合、入之波温泉、上北山温泉などで汗を流していくといい。

■問合せ先
上北山村役場☎07468・2・0001、奈良交通☎0742・20・3100、奈良近鉄タクシー☎0746・32・2961、心・湯治館（旧大台荘）☎07468・2・0120

■2万5000分ノ1地形図
大台ヶ原山

大台ドライブウェイの名古屋岳付近から西大台ヶ原の樹海

CHECK POINT

1 大台ヶ原の宿泊施設、心・湯治館などに泊まって翌日行動すれば行程が楽になる

2 日出ヶ岳山頂。展望台が建つ横には三角点とケルンがある

3 正木嶺の鞍部で、展望デッキがある正木峠から正木嶺へ向かう

4 正木嶺への階段木道から振り返ると、日出ヶ岳がよく見える

5 正木嶺から見る尾鷲湾は幾重にも重なる入江が銀色にきらめく

6 正木ヶ原への途中にはヌタ場があり、野生生物の足跡も残っている

7 シカが群れ遊ぶ正木ヶ原を離れると溝状の悪路が尾鷲辻まで続く

8 尾鷲辻から牛石ヶ原へは露岩混じりの道を行く場所も混在する

9 牛石ヶ原から石畳の道を行き、森に入ると大蛇嵓への分岐だ

10 アケボノツツジが多く見られる露岩の道を行けば大蛇嵓だ

11 ハイカーに人気の大蛇嵓は先端まで行けるが、スリップしないように注意しよう

12 花期には道の両側が美しく飾られるシャクナゲ坂を行く

1:20,000
0
500m
N
奈良県
上北山村
三重県
大台町
大台ヶ原
Start Goal
大台ヶ原バス停
1574m
大台教会
心・湯治館
大台ヶ原ビジターセンター
水平道分岐
1610
日出ヶ岳
1695
360度の展望が広がる
木の階段を登る
正木嶺鞍部（正木峠）
展望デッキあり
正木嶺
木道、立ち枯れ林
ヌタ場
正木ヶ原
1641
尾鷲辻
溝状の歩きにくい悪路
シロヤシオが多い
1593
牛石ヶ原
牛石
神武天皇像
大蛇嵓分岐
大蛇嵓展望台
1579
シャクナゲ坂
シオカラ谷吊橋
シオカラ谷
石段道
階段道から水平道へ
東ノ滝
中ノ滝
西ノ滝
東ノ川
逆川
千石嵓
大蛇嵓
蒸篭嵓
1121
1044
1375
1494
1523
1300
1400
1500
1600
大台ヶ原ドライブウェイ
近鉄大和上市駅へ
大台辻へ
堂倉山、コブシ嶺、尾鷲へ
堂倉小屋へ
0.45
0.35
0.30
0.40
0.10
0.15
0.05
0.25
0.30
0.25
0.10
0.05
0.35
0.45

10

生駒山

役ノ行者や弘法大師も修行した伝説の山

日帰り

いこまやま
642m

歩行時間＝2時間35分
歩行距離＝9・0㎞

技術度

体力度

コース定数＝**13**

標高差＝495m

累積標高差 578m 578m

平群方面から望む生駒山

生駒山頂からの大阪市街の夕暮れ

平群《へぐり》北公園から北西の方を眺めるとアンテナが林立する生駒山が望まれる。奈良・大阪府県境にあるこの山は、古くから人々に親しまれている信仰と歴史の山である。

近鉄生駒駅南口から飲食店が並ぶアーケードを通って、ケーブルカー鳥《とり》居前《いまえ》駅の手前で歩道橋下へ降りる。駅を右に商店街を通り、婦人科病院の先でケーブル軌道を横断、一度車道へ出て軌道を渡り返す。昔ながらの門前町を登ると石段の参道に転じて**宝山寺**《ほうざんじ》境内に入る。

宝山寺本堂裏側に役ノ行者や弘法大師が修行したと伝えられる般若窟《はんにゃくつ》を仰ぎ見たら宝山寺を辞し、生駒山頂へ向かう。急坂だが桜並木が山頂まで続き、春は桜、秋は紅葉に彩られる。

木の間からの眺めに慰められ、**生駒山**上駅に登り着けば、目の前が遊園地だ。ミニSLが走るコースの中に三角点標石がある。遊園地を南へ進み、左右にTVなどの中継局をみて直進、府民の森分岐を左に見送れば山道に変わる。

■鉄道・バス
往路＝近鉄奈良線生駒駅で下車。
復路＝近鉄生駒線南生駒駅で乗車。

■マイカー
大阪方面からは阪奈道路経由、信貴生駒スカイラインを通り、聖天口料金所から宝山寺駐車場へ。

■登山適期
通年で楽しめる。

■アドバイス
紹介コースはハイキング初心者向きで、危険箇所などはない。暗峠は暗越奈良街道とよばれ、奈良時代から続く歴史街道。生駒山とつなげば史跡探訪ハイキングに最適。

■問合せ先
生駒市役所商工観光課（生駒市観光協会）☎0743・74・1111、生駒ケーブル☎0743・73・2121

■2万5000分ノ1地形図
生駒山

信貴《しぎ》生駒スカイラインを横断し、あずまやのある**展望台**へ立つと、南に信貴山・金剛山系が望まれ、西に大阪市街・大阪湾が一望される。

ここから尾根を南へ下れば、古い民家の横から石畳の道が残る**暗峠**《くらがり》に出る。すぐ左のガードをくぐって南生駒へむかう。棚田の山村風景が広がる道は、やがて古民家風のうどん店がある車寄せを左にする。そこには路傍に万葉歌碑や古い石灯篭、石仏が残り、大和古道の名残をとどめる。

やがて、役ノ行者の従者、前鬼・後鬼の生まれた里、**鬼取**《おにとり》**町の分岐**を左に見送ると、右に車止めの細道が分かれる。ここを選び、石造阿弥陀如来立像を拝したら、道なりに下り、**石仏**《せきぶつ》**寺**《じ》を経て、西《にし》池を左にして、**応願**《おうがん》**寺**《じ》、生駒南小学校の前を通れば小《こ》瀬《せ》町西の信号を横断。その先の橋を渡り、袂を左折すれば**近鉄生駒線南生駒駅**に着く。

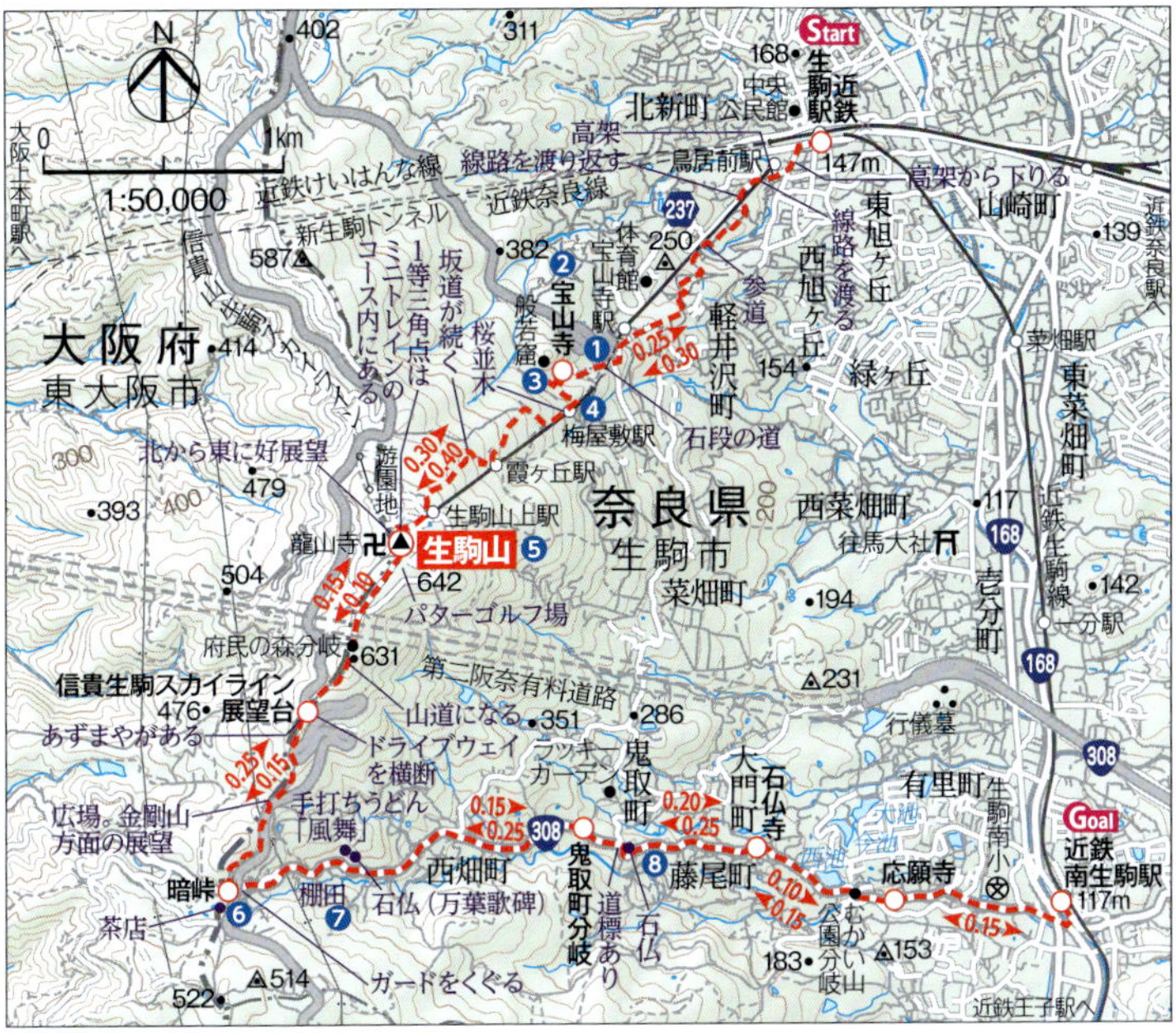

CHECK POINT

1 昔ながらの門前町を通り抜けて石段の続く参道を宝山寺へ向かう

2 宝山寺の山門をくぐって境内へ入ったら、山歩きの安全を願って詣でていこう

3 宝山寺の建立は江戸時代とされるが、それ以前に役ノ行者が修行したという般若窟もある

4 梅屋敷駅付近を登るケーブルを見て、サクラとモミジの並木が続く急坂を登る

5 生駒山の三角点がある遊園地へ入ったら、ミニＳＬのコース横を通って縦走路へ

6 信貴生駒スカイライン展望台からササの茂る山道を下れば、暗峠の古民家横から石畳道に入る

7 棚田が広がる田園風景を眺め下ると路傍に万葉歌碑や石仏が点在する

8 鬼取町の分岐の先で右の枝道に入ると、石造阿弥陀如来立像の祠がひっそりと山際に建っている

十三峠展望台から大阪市街

11 信貴山

聖徳太子を祀る古刹と古城址がある山

日帰り

しぎさん
437m（最高地点＝487m／高安山）

歩行時間＝6時間30分
歩行距離＝14・5km

技術度

体力度

コース定数＝**26**
標高差＝410m
累積標高差 891m 924m

山麓の大和川から眺める信貴山

JR王寺《おうじ》駅近くの大和《やまと》川から西北方向を眺めると、穏かな山稜に尖峰のような峰がある。607年、超大国・隋に「日出づる処の天子、書を日没する処の天子に致す。恙無きや……」の名文を送った聖徳太子ゆかりの信貴山である。

役ノ行者ゆかりの古刹と聖徳太子ゆかりの名刹をつなぐ縦走の出発点は**近鉄生駒《いこま》線元山上口《もとさんじょうぐち》駅**になる。駅から西へ向かい、櫟原《いちはら》川沿いに**伊古麻山口《いこまやまぐち》神社**まで行き、橋を渡った先で右上の農道に入る。平群谷《へぐりだに》の田園風景を眺め行けば、鳴川《なるかわ》集落の清滝《きよたき》石仏群を経て、**千光寺《せんこうじ》**へ行く。行場めぐりは本堂下の道標にしたがうとよい。

少し離れた西《にし》ノ覗岩《のぞきいわ》を往復したら鞍部の分岐へ出る。左折して**鳴川峠**へ行き、右に首切地蔵がある十字路を十三《じゅうさん》峠・信貴山方面へ進む。続いて三国山《みくにやま》を越え、夫婦《めおと》岩《いわ》の前を通っていけば、キノコ型の雷シェルターをすぎる。やがて**鐘の鳴る丘展望台**だ。南京錠が多数残る塔に立てば360度の展望が得られる。

丁字《ちょうじ》が池の畔をすぎて歩道橋を渡ると、ほどなく大阪側に駐車場と展望広場がある**十三峠**へ出る。平群への分岐を見送り、航空

■鉄道・バス
往路＝近鉄生駒線元山上口駅下車。復路＝近鉄生駒線信貴山下駅から乗車。

■マイカー
大阪方面からは、第二阪奈道路から信貴・生駒ドライブウェイを信貴山駐車場（有料）へ。

■登山適期
通年登られている。

■アドバイス
▽信貴山観光ホテル内にある天然温泉は日帰り入浴（レストランで飲食すると割引あり）も可能。
▽夏場は千光寺から信貴山まで水場はない。1《リットル》程度の飲料水を用意したい。

■問合せ先
三郷町ものづくり振興課☎0745・73・2101、平群町観光産業課☎0745・45・1017

■2万5000分ノ1地形図
信貴山

保安施設のアンテナを見て、平坦な道をたどれば**立石越**《たていしごえ》に着く。

広い林道を高安山《たかやすやま》と信貴山の分岐に出たら、切通しの右へ上がり、**高安山**を往復、信貴山への道へ入る。ガードをくぐり、道標を拾い進めば信貴山城址に着く。すぐ横の石段の上にある空鉢護法堂《くうはちごほうどう》が**信貴山**の頂である。

すばらしい展望を満喫したら一願成就のお参りをすませ、赤い鳥居の列をくぐって、本堂から**仁王**《におう》**門**《もん》まで行く。料亭旅館の並ぶ道を**信貴山バス停**へ出たら、「一の谷逆さ落し」とよばれるケーブル廃線跡の名物登山道を下って**ケーブル下登山口**へ。信貴ヶ丘団地の道路をまっすぐ行けば**近鉄生駒線信貴山下駅**に着く。

CHECK POINT

伊古麻山口神社の前の小橋を渡ったら坂を上がり、右上に分かれる農道を西へ進む

西ノ覗岩からいったん分岐へ戻って尾根を北へ行き、千光寺への道と出合う鞍部へ

信貴生駒スカイラインのガードをくぐると、右上に首切地蔵がある鳴川峠だ

鳴川峠からは左の道標から三国山への道を選ぶ

鐘の鳴る丘展望台は大きなモニュメントのような建物で、良縁を願う人が南京錠を残していく

落葉広葉樹の林に囲まれた十三峠には古い石柱や説明板がある

立石越の近くまで来ると、小高い丘陵に続く平坦な道から航空保安施設の先に生駒山が見える

信貴山頂（空鉢護法堂）からは大和平野の展望がよい。晴れた日には遠く大峰山脈も眺められる

12 皇室の勅願所がある古刹の丘陵

矢田丘陵 松尾山

やたきゅうりょう
まつおさん 315m
（最高地点＝343m／まほろば展望休憩所）

日帰り

歩行時間＝3時間55分
歩行距離＝11・0㎞

技術度
体力度

コース定数＝16	
標高差＝295m	
累積標高差	572m / 534m

生駒山方面から矢田丘陵の全容

生駒山から東方を眺めると、南北に平行してのびる緩やかな丘陵がある。それが矢田丘陵である。ハイキングコースはいくつもあるが、丘陵の全体像を知るには法《ほう》隆《りゅう》寺《じ》からの縦断コースがよい。

法隆寺バス停から松並木の道を通り、南大門の前に出たら右折、中宮寺《ちゅうぐうじ》方向へ進み、「松尾道」と記された石標に導かれ、法隆寺東側を通って坂道を登り、池の右側の道へ出る。池畔の道を北へ向かい、分岐をゴルフ場沿いの道に選び、森で再度分岐する道を左に選ぶと、丁石が自然に松尾寺へといざなう。

松尾寺は厄除けの名刹で知られ、歴代皇室の勅願所でもある。眺望のよい境内の奥、十三重の塔の前から左の石段を上がり、鞍部から松尾道を右へ行く。広い車道が右から出合う広場から、目の前のNHKのアンテナを目指して直登、中継局建物の左側へ行けば**松尾山**の三角点標石がある。

山頂から北へ下り、散策路に出て北進すると、左に世界最小のヒメトンボやハッチョウトンボが棲息する松尾湿原がある。先へ進むと、奈良盆地を一望する**国見台**に着く。すぐ先の分岐を右に選び、階段を下り、橋を渡って**矢田寺**へ向かう。唐へ渡り、玄奘三蔵に謁見したという智道が開山した古刹で、季節にはアジサイが美しい。

境内の北東、みそなめ地蔵を左折。次の分岐で矢田山展望台への山道に入り、尾根上のT字路を左折して矢田山の**頂上展望台**へ。生駒山や奈良市街の眺望を楽しんでいこう。すぐ先の**まほろば展望休憩所**は矢田丘陵の最高点で、ここからも大和平野を一望できる。

この先は、小笹ノ辻から右へ下って広々とした**子供の森**へ出る。

■**鉄道・バス**
往路＝JR関西本線・近鉄生駒線王寺駅から奈良交通バス13分で法隆寺下車。
復路＝霊山寺バス停から奈良交通バス10分で近鉄奈良線富雄駅へ。

■**マイカー**
大阪方面からは西名阪道の法隆寺ICを降りて大和川を渡り、国道25号、法隆寺東を左折すぐ。付近に有料駐車場が複数あるが、行楽期は午前中の早い時間に満車になることが多い。

■**登山適期**
通年登ることができる。

■**アドバイス**
▽松尾寺以外、いずれの寺も拝観料が必要。知られていない矢田寺近くの名所として、横山集落に航空の祖神として崇められる矢田坐久志玉比古神社がある。

■**問合せ先**
大和郡山市役所☎0743・53・1151、斑鳩町役場☎0745・74・1001、奈良交通☎0742・20・3150、霊山寺☎0742・45・0081、矢田寺☎0743・53・1445

■**2万5000分ノ1地形図**
生駒山・信貴山

CHECK POINT

三重塔から峠への石段の途中から松尾寺本堂を振り返る

切通しになっている松尾寺の峠は山道の十字路。道標が行先を示す

頂上展望台に上がると、晴れた日なら生駒山を間近に、奈良盆地が一望できる

左右に池を眺める道を通って、道標のある追分への入口から子供の森公園を振り返る

追分の十字路には案内板と道標が設置され、迷い込みの恐れはない

池を左右に見て直進し、クヌギ林を通る。続いて民家の横から舗装路に出て左折、**追分本陣分岐**《おいわけほんじん》の十字路を右折、高架を渡る。下り坂が右にカーブするあたりから枝道へ入る。ゴルフ練習場脇からバラの花で有名な霊山寺《れいざんじ》の南側を通り、正面の橋を渡れば、すぐ左が**霊山寺バス停**だ。

13 皇位継承哀史の山から花の古刹へ

二上山

にじょうざん
517m（雄岳） 474m（雌岳）

日帰り

歩行時間＝3時間5分
歩行距離＝7・5㎞

技術度
体力度

コース定数	＝**13**
標高差	＝416m
累積標高差	↗510m ↘530m

近鉄当麻寺《たいまでら》駅から西を眺めるとラクダの背のような山が望まれる。「関西百名山」のひとつとして知られる古代史の名山、二上山である。その二上山へは、昔から親しまれている上ノ池《かみいけ》登山道を行くとしよう。

←二上山の全景

←雌岳付近から春霞の大和葛城山方面

近鉄二上山駅から民家の間を通り、専称寺《せんしょうじ》、春日《かすが》神社をすぎ、国道165号の陸橋を渡ると給水槽の前へ出る。「二上山 上ノ池登山口」の案内板と道標がある。

上ノ池を左にし、林道へ入ると、間もなく新池を見送り、小沢の橋を2度渡って、右に雄岳《おだけ》・雌岳《めだけ》の鞍部への道を見送る。

さらに小橋を4つ渡ると二上山遊歩道案内図と雄岳山頂1・5キロの標識がある**2つ目の分岐**に着く。直進、左、いずれの道を選んでも尾根上で二上《ふたかみ》神社口分岐へ出る。ここは直進しよう。階段は急坂をまじえ尾根まで続く。

尾根へ出たところでベンチと道標がある**二上神社口分岐**に着く。ひと息入れたら、再び雑木林の道を登る。左に岩橋山《いわはしやま》を垣間見て、鉄製階段をすぎると、足もとにササが茂るようになって、大津皇子の墓、葛木坐二上神社《かつらぎにいますふたかみのじんじゃ》がある**雄岳**山頂に着く。

山頂広場からは雌岳との**鞍部**

■鉄道・バス 往路＝近鉄南大阪線二上山駅。復路＝近鉄南大阪線当麻寺駅。
■マイカー 大阪方面からは西名阪道柏原ICで降りて山麓線を道の駅當麻へ（約50台駐車可能）。
■登山適期 通年登れる。
■アドバイス ▽整備された登山道で道標も整備されているが、このコースは雄岳まで急な階段道や足もとの悪いところもある。
▽岩屋峠から祐泉寺への途中にしか水場はない。夏場は1㍑程度の飲水を持参したい。
■問合せ先 葛城市観光協会☎0745・48・4611
■2万5000分ノ1地形図 大和高田

（通称馬の背）へ下る。直進すれば雌岳、左は沢沿いに祐泉寺《ゆうせんじ》、右は屯鶴峯《どんづるぼう》、右前方は鹿谷寺跡《ろっこくじ》・竹《たけ》之内《のうち》峠へ行ける。直進して大きな日時計のある**雌岳**へ出る。

山頂でしばらく休んだら、直接岩《いわ》屋《や》峠へ下る。**岩屋峠**から南へ20㍍に中将姫が當麻寺の本尊、當麻曼陀羅（国宝）を織ったと伝えられる**穴居跡**がある。

岩屋峠から転石の多い道を下り、水場をすぎれば**祐泉寺**に着く。ここからは舗装林道を下り、鳥谷口古墳・大池を通って、左に傘堂、右に**山口神社の赤鳥居**を見て直進。石の鳥居前で右折、奥の院への道標にしたがって駐車場を通って**当麻寺裏門**まで行く。古刹に詣でたら、仁王門を出て、石畳の一本道を**近鉄当麻寺駅**へ行けばよい。

CHECK POINT

1 二上山上ノ池登山口から古い林道が続いている。昔のキャンプ場跡をすぎると沢沿いの道になる

2 2つ目の分岐はいずれを選んでも杉植林の道で、大差はない。ここは直進しよう

3 葛木坐二上神社は皇位継承争いに巻き込まれた大津皇子の墓と伝えられる

4 休憩ベンチやトイレが設置された鞍部（馬の背）はハイキング道の交差点になっている

5 大きな日時計がある雌岳の頂はサクラに囲まれた憩いの広場になっている

6 中将姫穴居跡（岩屋）は岩屋峠の南側20㍍ほど下にある。立ち寄ってから祐泉寺へ向かうとしよう

7 左甚五郎の作といわれる傘堂を左にして舗装林道を石の鳥居がある分岐へ出て、右の駐車場から当麻寺へ

8 当麻寺に詣でたら、境内を東へ下って仁王門から門前町の道を近鉄当麻寺駅へ向かう

14

花の名山は海と山の展望台

大和葛城山

やまとかつらぎさん
959m

日帰り

歩行時間＝4時間25分
歩行距離＝8.1km

技術度
体力度

コース定数＝19
標高差＝639m
累積標高差 ↗944m ↘944m

御所方面から葛城山の全容

東南に大峰《おおみね》・台高《だいこう》山脈、西に瀬戸内の海を一望する大和葛城山は、金剛《こんごう》・葛城山脈随一の展望を誇り、冬は霧氷、春はカタクリ、ショウジョウバカマ、ツツジの大群落、秋はススキ波打つ高原にナンバンギセルが咲く花の名山としても知られる。登山口へは近鉄御《ご》所《せ》駅から葛城山ロープウェイ駅まで奈良交通バスを利用するのが一般的である。

葛城山つつじ園から金剛山を望む

葛城山から朝の吉野方面

葛城山ロープウェイ駅右側の坂道を上がり、猪止柵の扉を通った

■鉄道・バス
往路・復路＝近鉄御所駅から奈良交通バス15分で葛城ロープウェイ前バス停下車。

■マイカー
大阪方面からは西名阪道柏原ICで降り、国道165号経由で山麓道を櫛羅からロープウェイ駅へ。駅付近に複数の駐車場（有料）があるが、ツツジの花期、休日は午前10時ごろには満車になる。

■登山適期
4月上旬〜12月上旬がよい。

■アドバイス
▽サブコースとして大阪側の葛城山登山口から天狗谷を登り、山頂、つつじ園を経て滝道から葛城山麓へのコースもある。この場合、富田林駅から水越峠へのバスが2023年12月に廃止されたため、タクシーでアクセスすることになる。

■問合せ先
御所市役所観光振興課☎0745・63・3001、奈良交通バス葛城営業所☎0745・63・2501、葛城山ロープウェイ☎0745・62・4341

■2万5000分ノ1地形図
御所

先に道標がある。右の「北尾根コース」を選ぶと、いきなり急登になる。桜古木の下を通って階段状の急坂を登ると、左に眺望が得られる。右に分岐を見送り、坂を登り終えるとベンチが設置された**展望台**に着く。振り返ると御所の町が俯瞰され、行き交うロープウェイが横に見える。

　傾斜の緩んだ道が水平になると、稜線のダイヤモンドトレールと**自然研究路の分岐**に出る。直進して**ダイヤモンドトレイルとよばれる縦走路へ出る**。縦走路を左へいくと、まもなく左に**自然研究路が分かれる**。ここを選ぶと植生がブナ林に変わり、4月中旬なら林床一面にカタクリが咲いている。

　自然研究路が**中央散策路に合したら**右折、道を白樺食堂の前まで行き、右の小道を上がれば**葛城山**の頂きである。さえぎるもののない眺めは広大。西に大阪湾、瀬戸内の島々、東から南には大和三山はじめ、大峰山脈も望まれる。

　山頂部を南へ行き、**つつじ園**を訪れたら葛城高原ロッジ東側の道を進み、右の分岐から婿洗《むこあらい》い池を経て滝道を下る。いくつかの桟橋や古い山抜け跡を通り、急な階段道を下る。**二ノ滝（行者滝）分岐**で左に「通行止め」の案内板を見送って、U字にえぐれた階段道からケーブル鉄塔横を下り、**櫛羅《くじら》ノ滝《たき》**を訪れる。あとは道なりに行けば、**葛城山ロープウェイ駅前バス停**に着く。

CHECK POINT

1 ベンチが設置された秋津洲展望台からは御所の町並みを眼下にすることができる

2 春は芽吹くブナ林の下にカタクリの花が群落をつくる自然研究路を行く

3 方位盤がある広い葛城山の頂に立つと、周囲は見わたす限りの展望だ

4 山頂広場を南端まで進んだ国民宿舎の周辺は、5月初旬なら一面ツツジの海となる

5 婿洗い池から滝道へ入ると、杉の植林の中、桟道や階段道が続いている

6 櫛羅ノ滝の全容が眺められる休憩ベンチからはカントリ谷を渡ってロープウェイ前バス停へ

15

北宇智から鳥井戸へ神話伝説の道を歩く

金剛山

日帰り

こんごうざん
1125m

歩行時間＝6時間
歩行距離＝14・5km

技術度 2/5
体力度 2/5

コース定数＝27
標高差＝1173m
累積標高差 ↗1086m ↘1108m

長柄付近から見る金剛山

大阪・奈良の府県境に位置する金剛山は、季節を問わず訪れることができる山として、数多くのコースが歩かれている。中でも少し山慣れた人に好まれる奈良県側コースとして、北宇智《きたうち》から高天《たかま》への道を紹介したい。

ＪＲ北宇智駅から右へ進み、突き当たりを左折。京奈和道の下を通り、**御霊《ごれい》神社分岐**まで行く。分岐を右にとり、田園風景を左右にみて山麓道を横断、古い道標がある小川沿いに行けば**天《あま》ヶ滝新道登山口**（サクラの広場）に着く。

ひと息入れ、身支度を整えたら、林道から山道へ入る。歩きやすい階段道が終わり、傾斜が緩むと、ベンチが置かれた**天ヶ滝分岐**に出る。右へ2～3分の**天ヶ滝**を往復したら先へ進もう。左右の林床にはアオキが茂り、傾斜を増す道を左へ斜上すると、左から杣道を迎え、尾根に乗る。

やがて傾斜が緩み、木の間から風の森方面が垣間見られると、ほどなく平坦な**中《なか》の平《だいら》**に着く。道の右下に新欽明水《しんきんめいすい》の水場を見て主稜線に合し、**伏見《ふしみ》峠**で広い道へ出る。直進すれば**ちはや園地**、季節が初夏ならシャクナゲ、シラネアオイなどの花を観賞していくがいい。

展望台を経て湧出岳《ゆうしゅつだけ》分岐を右へ進み、三角点を踏んでから葛木神社へ行こう。葛木岳の三角点は**葛木神社**の神域にある。

山行の安全を祈願したら、転法《てんぽう》輪寺《りんじ》、国見城址広場を訪れ、ブナ林から**一ノ鳥居**へ戻って分岐を左、高天・水越《みずこし》峠方面へ行く。5分ほどで右に**高天への道が分かれ**、急な階段道がはじまる。途中、水場を左にして、さらに階段道を下れば、整備された崩落跡に出る。振り返ると白雲岳《はくうんだけ》が眺められ、束の間の展望が得られる。

■**鉄道・バス**
往路＝ＪＲ和歌山線北宇智駅下車。復路＝鳥井戸バス停から奈良交通バス11分で近鉄御所線近鉄御所駅へ。

■**マイカー**
大阪方面から西名阪道柏原ICで降りて、山麓線を小和町鳳凰寺で右折、天ヶ滝道登山口駐車場へ（約20台駐車可能）。

■**登山適期**
通年。ただし、厳冬期は軽アイゼン必携。ハコブシ、ウメは3月初旬、サクラは4月中旬、ツツジは5月、アジサイは6月、紅葉は10月下旬～11月末、霧氷は12月～2月。

■**アドバイス**
▽天ヶ滝登山道は整備された道で、道標も充実しているが、高天道（郵便道）は500段といわれる丸太の階段道で転石が多く、足もとの悪いところもある。下りは充分に注意しよう。高天階段道の途中、水場が1ヶ所ある。

■**問合せ先**
御所市役所観光振興課☎0745・62・3001、五条市役所産業観光課☎0747・22・4001、奈良交通☎0742・20・3150

■**2万5000分ノ1地形図**
五条

U字に削られた歩きにくい転石道がしばらく続き、やがて**迂回路のゲート**に着く。通行止めの道を避けて、扉を通り、民家の先で左へ行けば**高天彦《たかまひこ》神社**の駐車場に出る。ここからは鶯宿梅《おうじゅくばい》の案内板を右に見て、小道を東へ行けば、森を抜け、舗装路に出る。あとは道標に導かれて、**鳥《とり》井《い》戸《ど》バス停**へ行けばよい。

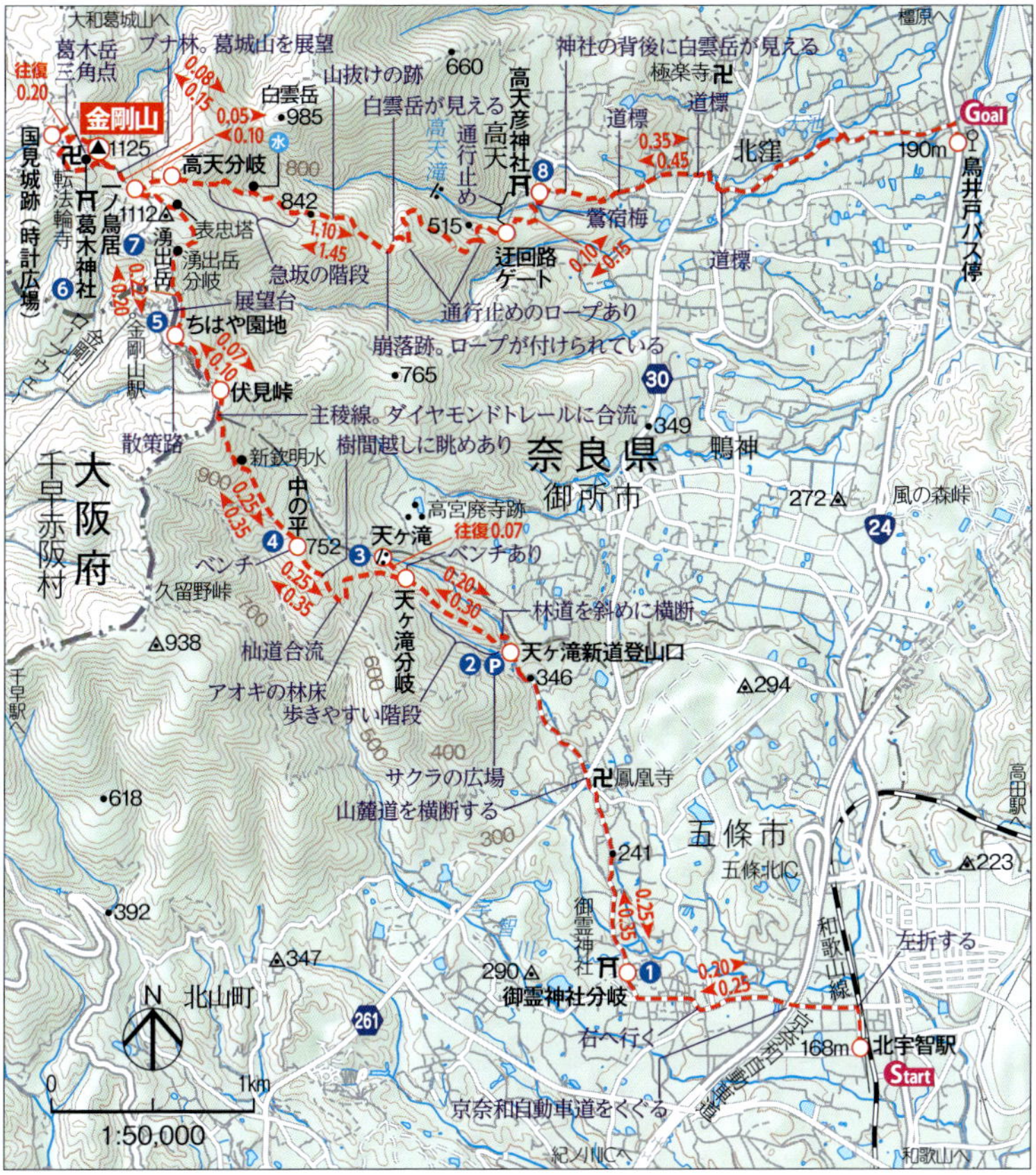

CHECK POINT

1 御霊神社の前で分岐する道を右へ行けば道標が天ヶ滝登山口へと導いてくれる

2 サクラの広場はマイカー登山の天ヶ滝登山口の駐車場になっている

3 天ヶ滝道の名称となった天ヶ滝へは、分岐から2～3分で行ける

4 中の平まで来ると道は広く平坦になって伏見峠へと緩やかに登る

5 春、ちはや園地はカタクリ、シャクナゲなどの花で彩られるが、シラネアオイの群落は一見の価値がある

6 葛木神社（金剛山山頂）の神域に三角点があるため、入るのは自粛されている

7 山頂の見どころ、名所をひとめぐりしたら、一ノ鳥居まで戻って分岐を左へ行く

8 高天彦神社と駐車場を左に見て、鶯宿梅の分岐を右へ行き、林の中を通り抜ける

奈良公園から春日山遊歩道入口へ

16 滝坂の道から大展望の万葉名山をめぐる

芳山・若草山

日帰り

ほやま 518m
わかくさやま 342m

歩行時間＝5時間10分
歩行距離＝17・0km

技術度
体力度

コース定数＝**22**
標高差＝434m
累積標高差 ↗751m ↘751m

奈良市近郊には世界遺産の春日《かすが》山《やま》原始林を中心に、柳生《やぎゅう》街道滝坂《たきさか》の道から三面石仏（二尊石仏）がある芳山、鶯塚《うぐいすづか》古墳がある若草山（三笠山《みかさやま》）の2つの名山がある。芳山に登り、続いて若草山を訪ねる周遊コースを歩いてみよう。

近鉄奈良駅から**県庁前**まで行き、信号を右折、興福寺《こうふくじ》五重塔の南側遊歩道を東へ進み、春日大社表参道へ入る。二ノ鳥居をくぐり、本殿に参拝したら、若宮神社を左にして破石《わりいし》からの参道に合流し、**春日山遊歩道入口**まで行く。右下に見える能登《のと》川左岸の道を直進すれば、住宅街を抜け、自然に柳生街道滝坂の道に入る。

能登川の右岸に移った道は、妙見宮《みょうけんぐう》への参道を左に分け、寝仏、いずれも鎌倉時代に造立されたとされる夕日観音、朝日観音などの石仏を拝し、あずまやとトイレがある広場に着く。

広場の**首切り地蔵**からは、春日山遊歩道の手前まで行って右折する。石畳道を選び、春日山石窟仏を訪れ、**奈良奥山ドライブウェイ**へ出る。右へ50㍍ほど左の林道を**石切《いしきり》峠**へ行く。

峠の先で左側、2本目の山道を斜上して尾根にのる。黄色い境界標識沿いに進めば、芳山南峰を踏み、鞍部を経て**芳山**に登り着く。

山頂からは東へ進み、鹿除けフェンスのフリー扉をくぐって、急坂を下り、**三面石仏**がある広場に出る。広場からは少し戻って左へ下る。小沢を渡って、東西に続く山道に合したら右へ登り、フェンスの扉を通って上誓多林《かみせたりん》の林道へ出る。

トイレの前を右へ行けば**石切峠**の茶屋を経て、**奥山ドライブウェ**

■鉄道・バス
往路・復路＝近鉄奈良線奈良駅を利用する。
■マイカー
大阪方面からは、第二阪奈道路を奈良ICで降り、県庁周辺か春日大社の駐車場へ（休日は満車になることが多い）。
■登山適期
芳山は通年、若草山は3～12月のオープン期間のみ。ウメは3月初旬、サクラは4月上旬、紅葉は10月下旬～11月、雪化粧は12～2月。
■アドバイス
▽コース中に危険箇所はないが、首切り地蔵付近や芳山の植林帯は、4月中旬～11月中旬はヤマビルが多い。
▽鹿除けフェンスのフリー扉は通行後、必ず閉めるようにしたい。
▽若草山の入山は有料。入山できる期間は、3月第3土曜～12月第2日曜の9～17時となっている。
■問合せ先
奈良市役所観光戦略課☎0742・34・1111、奈良交通サービスセンター☎0742・20・3100
■2万5000分ノ1地形図
奈良・柳生

芳山の三面石仏（二尊石仏）

イへ戻る。右へ進み、**大原橋**に着いたら、右の大原橋を渡り、林道を**鶯ノ滝**展望台へ。

滝からは、すぐ下の赤い橋を渡って山腹を登り、**奥山ドライブウエイ**に戻り、若草山を目指す。**若草山**の頂に立てば、奈良盆地が一望される。

ゆっくり休憩したら、下山はすぐ下の入山ゲートから、眼下のススキの原を下り、山麓の**若草山登山口**へ。あとは県庁通りへ出て**近鉄奈良駅**へ行くだけである。

若草山から奈良市街と生駒山方面の夕景

CHECK POINT

1 滝坂の道も夕日観音をすぎると傾斜が増すが、それもしばしのこと。石の橋を渡れば傾斜も緩む

2 朝日観音を流れの対岸に拝したら、樹齢数百年という杉古木を見て分岐の広場に着く

3 荒木又右エ門が試し切りしたという首切り地蔵の左から春日山遊歩道を手前の分岐へ進み、右折する

4 草餅や関東煮を商う峠の茶屋には古い槍や種子島銃が鴨居にかけられている

5 芳山の三面石仏の広場へ着いたらひと息入れていくとよいだろう

6 鶯ノ滝休憩広場からはすぐ下の朱色の橋を渡って奥山ドライブウェイに向かう

7 若草山山頂鶯塚古墳から360度の展望を楽しんだら展望広場まで戻って下山路に入ろう

8 若草山の下山路から東大寺大仏殿を眺め下っていけば、若草山登山口へ着く

17

太古の昔、大王が国見したという狼煙岩が残る山

大国見山

おおくにみやま
498m

日帰り

歩行時間＝4時間20分
歩行距離＝14・5km

技術度

体力度

コース定数＝18

標高差＝434m

累積標高差 ↗550m ↘550m

今も行場として信仰を集める桃尾ノ滝

天理市の北、岩屋《いわや》集落のはずれから東を眺めると、棚田を山裾に広げ、ひときわ目を引く山容の大国見山が望まれる。アクセスは、バス便が不便なため、最寄りの近鉄またはJR天理駅から歩くことになる。

近鉄天理駅前の道を横断、斜め右前方へ進み、商店街アーケイドへ入る。商店街のはずれからは直進して、天理教本部の渡り廊下をくぐる。バス道に出たら石上神《いそのかみ》宮前バス停の交差点を右折する。桜並木の坂を上がり、石上神宮の本殿で参拝し、境内を出たら左へ進み、梅林を抜け、布留川を渡る。布留《ふる》川を右に見ながら上滝本《かみたきもと》バス停・桃尾《ももお》ノ滝分岐で石碑前を左折、道脇の流れ沿いの道を滝前の広場へ行く。落差23㍍の**桃尾ノ滝**は弘法大師ゆかりの滝で、『万葉集』にも歌われた名瀑である。

滝からは道沿いの古い石仏を拝し、急坂を登れば**大親寺**《だいしんじ》に着く。道は本堂の左側を抜け、**岩屋町分岐の鞍部**へ出る。鞍部から植林尾根をたどれば、巨岩の間を縫い登って祠と狼煙岩がある**大国見山**山頂に着く。

樹間に天理市街を眺めたら、鞍部へ戻って岩屋への道を下り、山畑の道を通って西名阪道の農道用

落ち葉散り敷く大親寺の境内

■**鉄道・バス**
往路・復路＝近鉄天理線天理駅を利用する。

■**マイカー**
大阪方面からは西名阪道を天理ICで降り、国道169号へ入り、天理本通り交差点を左折、石上神宮交差点を直進、上滝本バス停まで進んで左折、桃尾ノ滝へ。滝の前に2ヶ所の駐車場がある。

■**登山適期**
通年登られる。ツバキ、サザンカは12～1月、ウメは3月初旬、サクラは4月上旬、ツツジは5月、アジサイは6月、紅葉は10月下旬～11月。

■**アドバイス**
▽危険箇所はないが、大国見山から岩屋町分岐の鞍部まではU字に彫れた木の根道のため、注意したい。
▽例年、7月第3日曜に桃尾ノ滝開き祭がある。

■**問合せ先**
天理市役所産業振興課☎0743・63・1001、奈良交通☎0742・20・3150

■**2万5000分ノ1地形図**
大和白石・大和郡山

トンネルを抜け、県道192号へ出る。道を左へとって、摩崖仏や造り酒屋が残る**岩屋町**を経て、天理東ICの六差路になった交差点を渡る。

高速道路沿いに進んで、2つ目のガードを天理側へ抜け、巨大タンクの横の坂を登って天理市街へ向かう。サクラとモミジを並木にした舗装道路を道なりに進む。低い峠を越えると天理の市街地だ。正面に天理よろず病院を見て、道の突き当たりを右折、ひとつ目の枝道を左折して、**商店街**に出たら右折してアーケイドを通り、**近鉄天理駅**へ向かう。

岩屋から振り返る大国見山

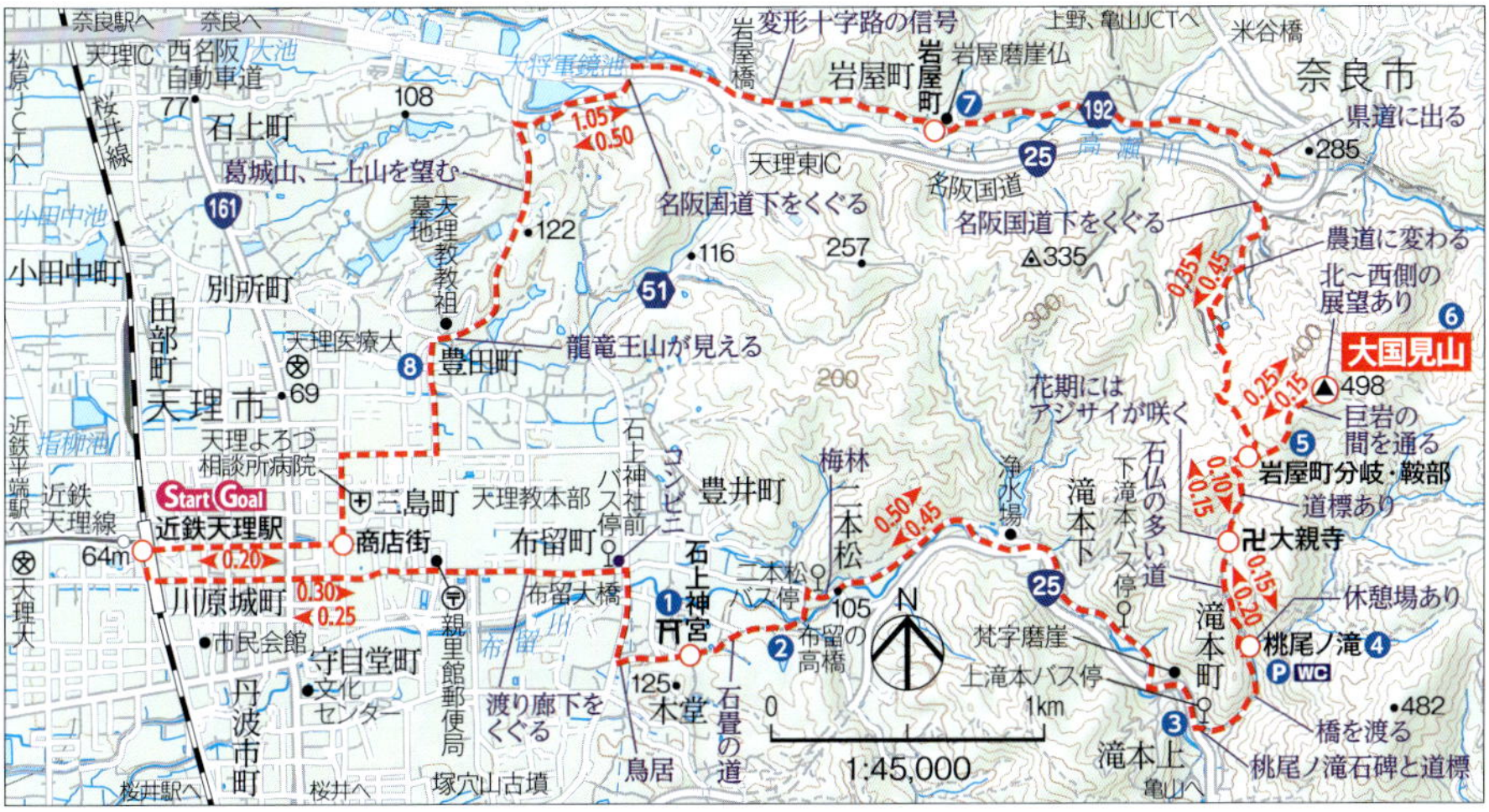

CHECK POINT

1 石上神宮本殿で参拝をすませたら、前の道を左へ進み、杉並木の下を通っていく

2 杉並木を出たら、梅林の中に分岐する道を左下に進んで布留川の橋を渡る

3 桃尾ノ滝への分岐から左の小沢に沿って進み、次の分岐も左上に行く

4 桃尾ノ滝は万葉集にも歌われた名瀑で、今も行場になっている

5 岩屋への分岐になっている鞍部から大国見山へは木の根道の急坂もある

6 祠と狼煙岩がある大国見山の頂は樹林の生長で展望は限られる

7 岩屋町の道筋には古い造り酒屋や石仏があり、興味深い

8 天理教教祖の墓所をすぎ、小さな峠を越えると視界が開け、天理の町へ入る

18

大阪湾も望める戦国の名城史跡の山

竜王山

りゅうおうざん
586m

日帰り

歩行時間＝3時間10分
歩行距離＝8・0km

技術度
体力度

コース定数＝**13**
標高差＝516m
累積標高差 ↗551m ↘551m

柳本から竜王山の全容

「山辺《やまのべ》の道」の東側に連なる青垣の山々の中で、ひときわ高く見える山が竜王山である。山頂付近には戦国時代の山城跡、山中には竜王山古墳群、山麓には山辺の道を配し、「奈良百遊山」のひとつにも数えられている。

JR桜井線柳本《やなぎもと》駅で下車、駅から商店街の中を通って東進する。黒塚《くろづか》古墳をすぎ、**柳本バス停**の横へ出て石畳道を行けば、「山辺の道・長岳寺《ちょうがくじ》」を示す石柱と案内板がある分岐に出る。

左上の**天理市トレイルセンター**へ立ち寄り、情報を得たら、長岳寺山門北側の農道を登る。舗装路が山道へと変われば、溜池跡の横を通り、右に石仏を見て、U字にえぐれた道を登るようになる。左に**石不動**を見送って、急坂を登り終えると、長岳寺奥ノ院の分岐だ。

傾斜が緩むと、左にトイレがある林道に出合う。林道を**駐車場**まで行き、右の道標から山道を登れば、龍王社分岐の道標のある台地へ出る。ここから左の階段道を登れば、戦国時代の山城跡・**竜王山**の頂に着く。今も石垣や土塁の痕跡をとどめる山頂からは、金剛《こんごう》山系や三輪《みわ》の山々を見わたし、生駒《いこま》山系、奈良盆地も一望のもとにできる。晴れた日には大阪湾を望むこともできる。

下山は龍王社分岐の道標まで戻って左へ下る。雨乞いの神事が伝わる龍王社の前へ出たら、その先で右折して、元の林道出合へ。左へ下り、奥の院分岐を経て階段道を下れば、竜王山古墳群を左右に見る。

やがて沢を右にして沢辺の作業道に突き当たる。道を右に選び、小橋を渡ると**林道分岐**に出る。右の舗装路を行けば山辺の道に合流し、**櫛山《くしやま》古墳**東端にいたる。溜池を右にして道なりに行けば、天理市トレイルセンターの下方へ帰り着く。終着点の**柳本バス停**はすぐ先だ。

■鉄道・バス
往路＝JR桜井線柳本駅が起点。復路＝柳本バス停から奈良交通バスに乗り、JR・近鉄天理駅へ。

■マイカー
大阪方面からは西名阪道を天理ICで降りて国道169号を柳本まで行き、市営駐車場へ。無料駐車場が2ヶ所あり50台程度利用できる。

■登山適期
通年登られている。ツバキ、サザンカは12～1月、ウメは3月初旬、菜の花、サクラは4月上旬、モモ、ツツジは5月、アジサイは6月、紅葉は10月下旬～11月。

■アドバイス
▽コース中に危険箇所はない。ファミリーハイクにも適しているが、熟年ハイカーの場合、階段が多く、下山路には転石も少なくない。ストックを持参したい。

■問合せ先
天理市役所産業振興課☎0743・63・1001、奈良交通お客様サービスセンター☎0742・20・3100、天理市トレイルセンター☎0743・67・3810

■2万5000分ノ1地形図
初瀬・桜井

竜王山山頂から見る大阪湾の夕景

CHECK POINT

天理市トレイルセンターは休憩場所に最適。セルフサービスの無料のお茶も用意されている

長岳寺山門を正面に見る下の道から山門の左側の農道へ入る

石不動を左に見送ると道は急坂となり、やがて傾斜が緩むと山腹を斜上する

トイレのある林道出合を右に行き、林道駐車場から尾根道をたどれば北城跡、右の林道を行けば竜王山だ

山頂の説明版からは大和平野を眼下に、遠く大阪湾から明石海峡大橋が望まれる

大和平野を俯瞰したら龍王社分岐の道標まで戻り、林道出合からひとつ手前の道を下る

竜王古墳群への途中にある奥の院は時間が許せば立ち寄るのもいい

崇神天皇陵の分岐を右に選べば、天理トレイルセンターの分岐に出る。まっすぐ行けば柳本バス停だ

19

「くにのまほろば」大和の国、日本最古の道を歩く

山辺の道・三輪山

やまのべのみち
みわさん　467m

日帰り

歩行時間＝5時間25分
歩行距離＝19・0km

技術度

体力度

コース定数＝**23**

標高差＝388m

累積標高差　701m　716m

大美和の杜展望台から桜井市街と大和三山の眺め

四季折々の美しい花々がトレッカーの目を楽しませてくれる

大和《やまと》青垣《あおがき》国定公園に入る三輪山は、「くにのまほろば大和の国に在り」といわれ、日本最古の神社の御神体とされる。この山の麓から、東北方にあたる春日《かすが》山《やま》の麓まで、盆地の東縁の山裾を縫い、南北に山辺の道が通じている。因みに、山辺の道は平城京と藤原京を南北に結ぶ古代道路のひとつで、西から順に下ツ道、中ツ道、上ツ道、山辺の道と4つ並んでいた。

近鉄桜井《さくらい》駅を出て、金屋《かなや》の石仏に立ち寄り、**三輪神社（大神神社）**へ。神社の北側に隣接する**狭《さ》井《い》神社**で三輪山への入山許可の白襷を受け、信仰の山であることを心に刻んで入山する。

参拝者の迷惑にならないよう、小沢沿いを登っていく。三光《さんこう》の滝行場を右折、道を登りつめれば、奥の院の祠がある**三輪山**の頂に着く。

参拝したら同じ道を戻り、**狭井神社**の社務所に白襷を返し、境内を出て突き当たりの道を右へ進み、池畔から左の階段を大美和の杜展望台へ上ってみよう。東に三輪山、西に大和三山や二上山《にじょうさん》などが一望できる。

展望台からは西へ下り、謡曲「三輪」の舞台、玄賓庵の前を通って、

■鉄道・バス
往路＝近鉄・JR桜井駅下車。
復路＝近鉄・JR天理駅を利用する。

■マイカー
大阪方面からは西名阪道を天理ICで降りて国道169号を大神神社へ。大鳥居の周辺に複数の駐車場がある（祭事の際などには満車になるので、事前の確認が必要）。

■登山適期
通年歩かれているが、最適期は春・秋のシーズン。ツバキ、サザンカは12月～1月、ウメは3月初旬、菜の花、サクラは4月上旬、モモ、ツツジは5月、アジサイは6月、紅葉は10月下旬～11月。

■アドバイス
▽国のまほろば大神神社（三輪山）と日本最古の道・山辺の道を歩く古代史巡訪コース。迷うことない散策路である。山辺の道を終点の天理駅まで歩きたいなら、桜井駅をできるだけ早い時間に出発したい。

■問合せ先
天理市トレイルセンター☎0743・67・3810、大神神社（三輪山）☎0744・42・6633、桜井市観光協会☎0744・42・7530、奈良交通奈良営業所☎0743・58・3030

■2万5000分ノ1地形図
大和郡山・桜井

檜原神社付近から三輪山の全容

檜原神社からの道を行く

古い墓石を左にし、和風喫茶店をすぎれば「二上山の夕日」が有名な**檜原《ひばら》神社**境内に入る。参拝したら鳥居をくぐり、すぐ右折して道なりに北へ行くと、山畑の風景が広がる。

季節が夏なら、このあたりの右側山裾にキツネノカミソリを見て、舗装広域農道に合する。左折して橋を渡り、疎水沿いに集落の間を抜ける。穴師の切通しを上ると高台にでる。振り返れば三輪山や大和盆地の眺めが良い。

山田の道が額田王《ぬかたのおおきみ》の歌碑をすぎると、梅林の先に景行天皇陵の森を見る。やがてあずまやをすぎ、崇神天皇陵の東端から道標にしたがって**天理市トレイルセンター**まで行き、長岳寺《ちょうがくじ》山門前から柿畑の道を通って中山廃寺《なかやまはいじ》、念仏寺《ねんぶつじ》墓地、萱生《かよう》町竹之内《たけのうち》の環濠集落を通る。

珍しい藁葺き屋根の本殿がある

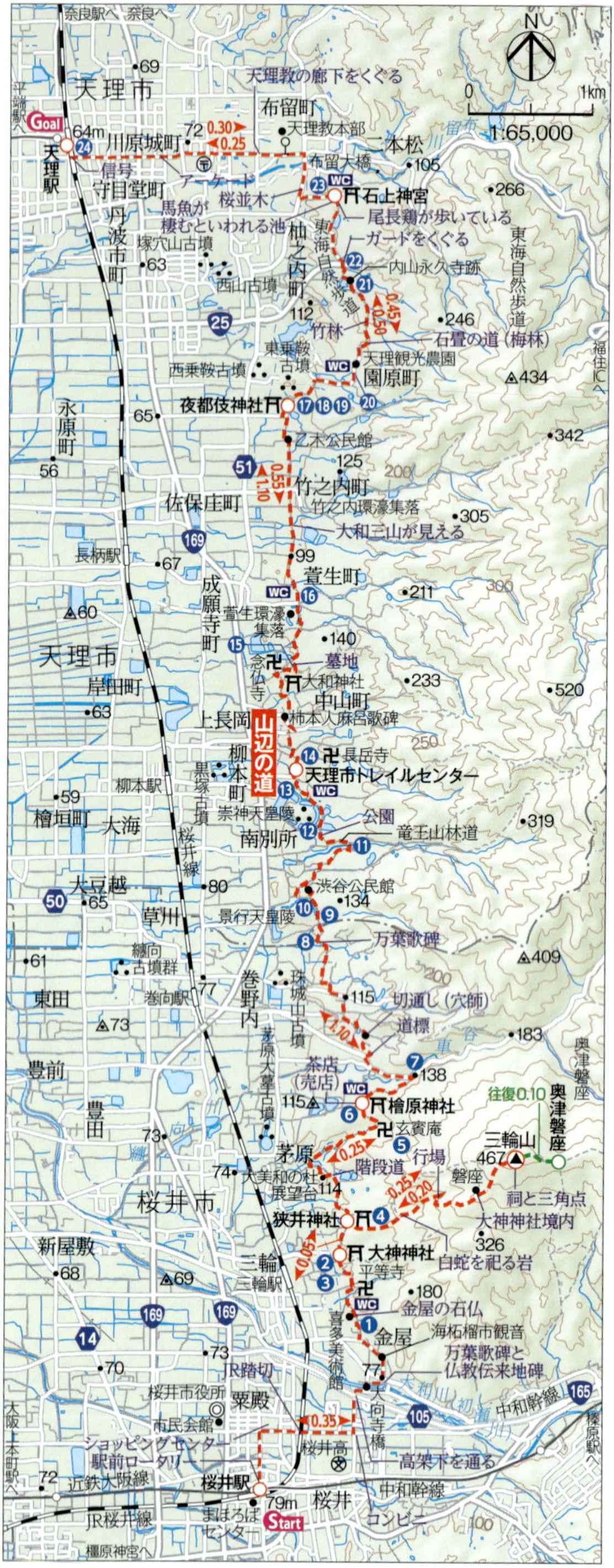

檜原神社から二上山の夕暮れを望む

夜都伎《やなぎ》神社から、ここで「粟餅」を食べると、恋しい人と再会出来るという古代粟餅を商う茶店（天理観光農園）を経て峠を越え、内《うち》山《やま》永《えい》久《きゅう》寺《じ》跡へと進む。かつて、40以上の堂塔を誇った永久寺も、明治政府の廃仏毀釈で桜並木と池を残すのみ、往時を忍ぶよすがもない。

池畔を離れ、広域農道のガードをくぐれば、川沿いの道となって、右に蓮池を見れば国宝七支刀《ななつさやのたち》で有名な**石上《いそのかみ》神宮**の神域に入る。本殿に参拝したら「山辺の旅」も終わる。

天理駅へは正面参道から桜並木の道路へ出て、右下の交差点を左折、天理教本部の前から商店街のアーケード道を西へ通り抜ければよい

CHECK POINT

1

金屋の石仏は建物の中に安置されている

2

三輪神社の境内へは南の鳥居から入る

3

本殿に参拝したら、境内を北へ向かう

4

狭井神社から三輪山への登山口は社務所から少し手前

5

椿の花が咲く謡曲「三輪」の舞台で知られる玄賓庵の前を通る

6

二上山への落日で有名な檜原神社の鳥前居

7

県道の分岐は左へ進み、纏向川の橋を渡る

8

額田王歌碑から三輪山を振り返る

9

畑中の広い道が梅林を抜けると、右に景光天皇陵が見えてくる

10

景行天皇陵の堀畔に立つと、三輪山が美しい

11

竜王山への分岐、山田には展望のよい台地がある

12

崇神天皇陵の近くは桜や梅が通る人を和ませる

13

崇神天皇陵と天理市トレイルセンターの分岐

14

天理市トレイルセンターを見上げる辻へ出る

15

道半ばにある念仏寺

16

萱生町の石畳道にある和風のトイレを左に竹之内へ

17

環濠集落から直進すれば夜都伎神社の鳥居をくぐる

18

夜都伎神社の本殿は藁葺き屋根

19

夜都伎神社付近からは生駒山方面が遠望できる

20

峠にある「恋人再会」の茶店。ひと休みにいい場所

21

内山永久寺跡の桜を映す池畔からは生駒山が眺められる

22

内山永久寺跡からガードをくぐって石上神宮への道へ

23

石上神宮本殿に参拝したら境内を通り、参道を西へ出る

24

天理教本部前から商店街を通り抜ければ近鉄・JR天理駅に着く

万葉展望台から明日香方面を俯瞰する

20

異変を知らせる古代史の山から万葉の里へ

御破裂山

ごはれつやま
607m

日帰り

歩行時間＝2時間35分
歩行距離＝7・5㎞

技術度

体力度

コース定数	＝11
標高差	＝227m
累積標高差	394m / 644m

冬野の棚田から二上山の落日

多武峰《とうのみね》の北に「御破裂山」という奇妙な名前の山がある。「日本国に異変が起きるときに鳴動する」という伝説の山である。大化の改新で知られる多武峰談山《だんざん》神社からこの山を訪れ、明日香《あすか》の里への道を探訪しよう。

奈良交通バスを**多武峯バス停**で下車。朱塗りの屋形橋を渡って杉古木の並木を歩いて東門をくぐる。春はサクラ、秋は紅葉に飾られる道に摩尼輪塔などを見送れば二の鳥居に着く。拝観料を払って**談山神社**境内へ入って石段を上がると、文化財建物が立ち並んでいる。時間の許す限り拝観したい。

御破裂山へは十三重塔の西側から続く山道を登る。階段道を行き、鞍部へ出たら、右に、大化の改新の謀議が行われたと伝えられる**談山**《かたらいやま》に立ち寄ろう。再度鞍部へ戻ったら、直進して林道に出合い、御破裂

■鉄道・バス
往路＝JR・近鉄桜井駅から奈良交通バス24分で多武峯バス停下車。
復路＝石舞台バス停から奈良交通バス28分で近鉄橿原神宮前駅へ。

■マイカー
大阪方面からは南阪奈道路を橿原で降り、国道169号経由石舞台駐車場、または、石舞台経由多武峰ドライブウェイを談山神社駐車場へ。いずれも有料シーズン中は混雑する。

■登山適期
通年歩かれている。サクラ、ミツバツツジは4月上旬、レンゲ、モモ、菜の花は5月上旬、紅葉は10月下旬～11月上旬。

■アドバイス
▽見どころ満載のコースだけに一年を通じて訪れることはできるが、春のサクラのころと、秋の紅葉の時期が最も美しい。冬は積雪があれば風情もひとしおで、登山者も少なくない。談山神社では毎年4月29日と11月3日の2回蹴鞠祭りが行われている。これに合せて訪れるのもいい。

■問合せ先
飛鳥観光協会☎0744・54・3240、桜井市観光協会☎0744・42・7530、奈良交通お客様サービスセンター☎0742・20・3100

■2万5000分ノ1地形図
畝傍山

山に突き当たる。石段の上が**御破裂山**山頂で、藤原鎌足の墓とされ、左側に小さな展望台がある。

御破裂山を辞したら、来た林道をそのまま広い林道に出合うまで進む。出合は**西口と念誦崛《ねずき》の分岐**。右折して念誦崛を経て高家《たかえ》と**万葉展望台の分岐**へ。左に行くと三体石仏とベンチがある。

先へ進むと古い石標が残る広場に着く。直進は万葉展望台、左は岡寺・石舞台方面、右は飛鳥坐神社への分岐になっている。すぐ先の**万葉展望台**へ上がると180度の展望が広がる。金剛《こんごう》・大和《やまと》葛城《かつらぎ》の山々と浮島のような大和三山、明日香の里が一望のもとだ。

展望台からは、広場の分岐から岡寺《おかでら》・明日香方面への道を選び、階段道を下る。沢沿いの道は、やがて右に石仏と道標がある**舗装林道**に出合う。林道左のフェンス扉を通って案内板のあるT字路で左折、道なりに進めば上居《じょうご》の集落を通って県道に下り立つ。県道を右に行き、石舞台をすぎて、信号機先の左側が**石舞台バス停**だ。

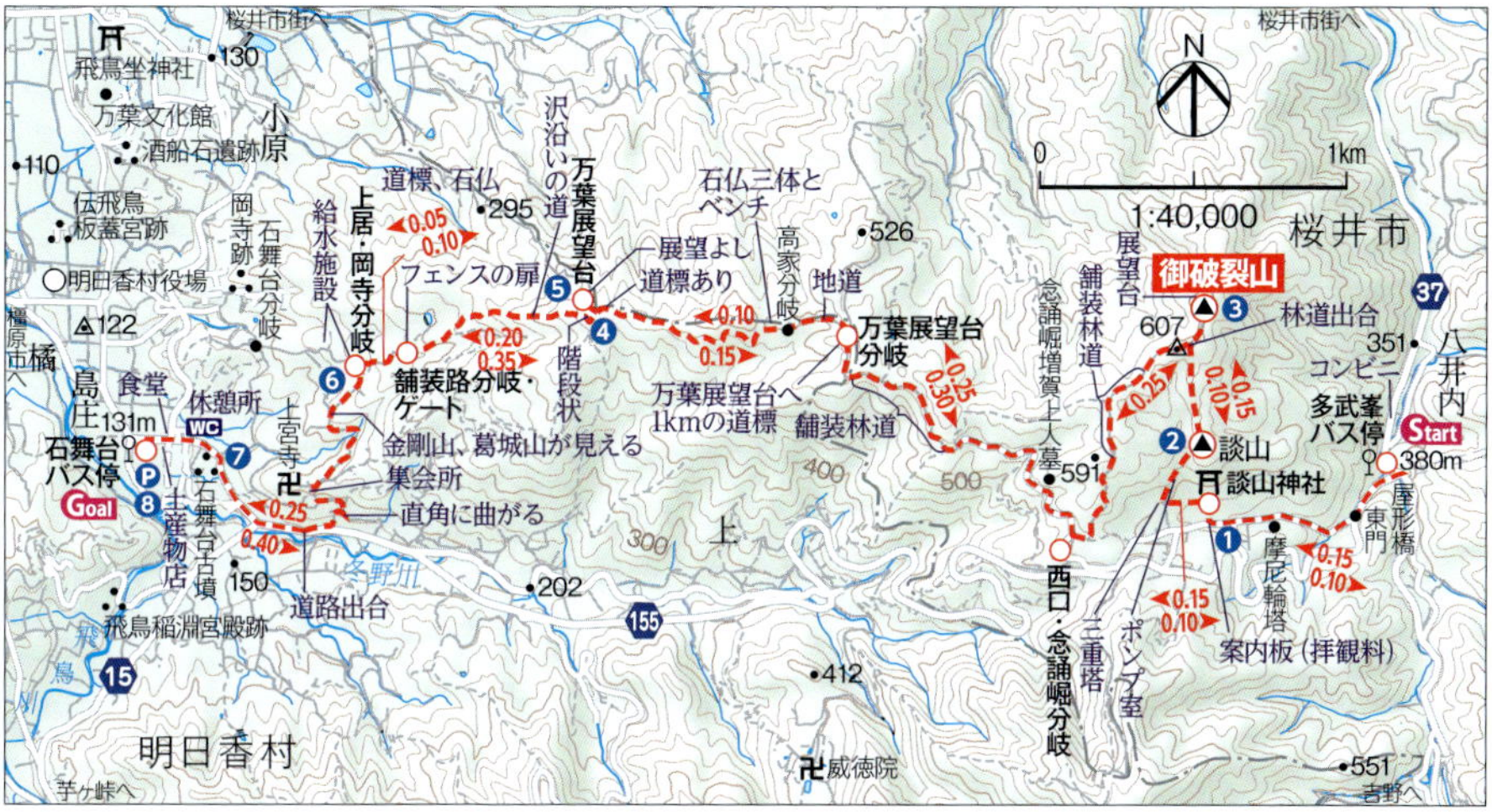

CHECK POINT

談山神社入口から石段を上がれば本殿や十三重塔などが立ち並ぶ境内に入る

三重塔の高台からは談山神社の境内や背後の音羽山がよく見える

御破裂山の頂へは入れないが、石段を上がった右側にある展望台から大和三山が垣間見られる

万葉展望台下の広場（分岐）は石舞台、岡寺方面と飛日坐神社方面などに行くことができる

万葉展望台は南北に広い台地になっていて、ベンチが設置され、休憩場所によい

上居と岡寺の分岐は右に進めば岡寺方面へ行くが、左を選んで石舞台を訪れよう

上居から山畑の道を下ると石舞台を見下ろす高台に出る

石舞台バス停は広い駐車場の西端にあり、トイレが隣接している

21 日本一の山城跡と城下町の祭りで知られる名山

高取山

日帰り

たかとりやま
584m

歩行時間＝3時間30分
歩行距離＝4・5km

技術度 ■□□□□
体力度 ■□□□□

コース定数	＝14
標高差	＝464m
累積標高差	↗ 627m ↘ 627m

日本一の山城で知られた高取城は明治政府によって破壊されたが、城跡は今も残り、「高取山」の名で多くの人に親しまれている。山麓には西国三十三ヶ所のひとつ、壺阪寺《つぼさかでら》や高取藩城下町として栄えた土佐《とさ》街道の町家がある。

3月には家々の雛人形が玄関に飾られ、11月にはお城祭りが開かれ、昔ながらのにぎわいをみせる。

近鉄吉野《よしの》線壺阪山《つぼさかやま》駅で下車、国道169号を横断、突き当たりを右へ行く。しばらく進むと**高取広場（札の辻跡）**の十字路に出る。

石柱道標を右折、赤坂《あかさか》池を左に見て、清水谷の町並みをすぎると壺坂川に出合う。その橋の手前で左折、川沿いの道を行き、**高架下**を通った先で、参道の標識を右へ行く。

人家の庭先を通って小橋を渡り、竹林から地道の林道に出る。右に地蔵尊を見て壺阪寺への標識にしたがえば、やがて道は沢を離れ、階段道となって**壺阪寺駐車場**に着く。壺阪寺に向かって、右の階段を登ると高取城跡への舗装林

→壺阪寺や葛城山を眺め、五百羅漢へ
↑朝霧が心地よい林道を壺阪寺へ向かう

■**鉄道・バス**
往路・復路＝近鉄吉野線壺阪山駅を利用する。

■**マイカー**
大阪方面からは南阪奈道路を橿原で降りて、国道169号を高取町芦原トンネル手前の分岐を左折、壺阪寺駐車場（有料）へ。

■**登山適期**
通年。ただし、積雪期は軽アイゼンが必携。サクラ、ミツバツツジは4月上旬、モモ、菜の花は5月上旬、紅葉は10月下旬～11月上旬。

■**アドバイス**
▽道迷いの恐れや危険箇所はない。道標が充実したハイキングコース。
▽3月の雛祭りや11月のお城祭りに合わせて計画するのもよい。
▽9月中旬の彼岸花の季節なら、猿石の分岐から栢森を経て、明日香の稲渕から近鉄吉野線飛鳥駅へ行くのもよい。

■**問合せ先**
高取町観光協会☎0744・52・1150

■**2万5000分ノ1地形図**
畝傍山

道に出合う。

左へ進めば**五百羅漢の分岐**が現れる。林道を離れて山道へ入り、五百羅漢をめぐって、尾根道を進む。NTT中継アンテナへの林道を横断して、八幡神社を右上に見送れば、**高取城跡入口**に着く。石積が残る坂を上がれば三の丸跡広場だ。続いて中門を通れば本丸跡広場・**高取山**の頂に着く。吉野・大峰《おおみね》山脈や台高《だいこう》の山々が望まれる。展望を存分に楽しもう。

山頂を辞したら上《かみ》子島《こじま》方面へ向かう。途中、国見櫓跡から土佐の町や金剛《こんごう》・葛城山《かつらぎさん》を一望したら、もときた道へ戻り、**明日香《あすか》 栢森《かやのもり》への分岐・猿石《さるいし》**を右に見て、七曲り、一升坂の急坂を下って**林道終点**へ。舗装林道となり、**砂防公園**から上子島の集落、家老屋敷跡を通って土佐街道に出る。あとは往路を逆に、**近鉄壺阪山駅**へ行けばよい。

CHECK POINT

左に高取広場がある十字路、札の辻跡を右折、古い家並みが続く土佐の町を通っていく

壺阪寺を左に見て林道を進むと右にインド渡来の大観音像を見送って五百羅漢分岐へ行く

五百羅漢の下に着いたら左へ山腹をからみ、羅漢像をめぐり登って稜線に出る

三の丸広場にはあずまやがあり、憩いの広場だ。石垣が両側に立つ中門を通って七ツ井戸分岐へ

イロハモミジの大木が頭上を覆う大門跡から本丸跡の山頂へ向かう

広い本丸跡（高取山山頂）からは、南に吉野、大峰、東に高見山を望み、絶好の展望広場になっている

北の宇陀門跡を出るとすぐに左へ踏跡が続き、国見櫓跡の展望台から高取の町を俯瞰できる

猿石が残る一升坂・七曲りと栢森への分岐からは、まっすぐつづら折りの坂道を下って上子島へ

22

お葉つき銀杏がある古刹から神武東征伝説の峠へ

音羽三山

音羽山・経ヶ塚山・熊ヶ岳

おとわやま 851m
きょうがつかやま 889m
くまがたけ 904m

日帰り

歩行時間＝4時間
歩行距離＝8・0km

技術度
体力度

コース定数＝19
標高差＝669m
累積標高差 928m 812m

談山神社から眺める音羽三山の全容

古くから「音羽三山」の名で親しまれてきた音羽山、経ヶ塚山、熊ヶ岳は、竜門《りゅうもん》山塊の北端に位置している。

登山の起点は北音羽と南音羽の中間点、**下居《おりい》バス停**だ。石仏と音羽観音の道標が立つ橋を渡って、突き当たりを右に選び、急な舗装路を上がれば、集落のはずれにある音羽山善法寺《ぜんぽうじ》と百市《ももいち》への林道の**分岐**に着く。何度か折り返す急な舗装参詣道を登れば、左に石段が現れ、やがて鐘楼と本堂がある**善法寺**に着く。季節が秋で、運がよければ、イチョウの葉にギンナンがついたお葉つき銀杏を見ることができるかもしれない。

音羽山の万葉展望台からは橿原市街が一望できる

善法寺を辞し、行場の横を通り、左に石碑を見送ると、万葉展望台への道標が現れる。これにしたがって尾根を登れば、西に展望が開けた**万葉展望台**に出る。

展望を楽しんだらつづら折りの尾根道を登り、**音羽山**へ。3等三角点の標石は縦走路に合流したすぐ左にある。

音羽山からは稜線を南へ下って経塚山へ登り返す。木の根道の急坂を登ると、左に又兵衛桜《またべえざくら》への分岐が現れ、やがてクヌギ林に囲ま

■鉄道・バス
往路＝近鉄桜井駅南口から奈良交通バスの多武峰・談山神社行きで13分、下居バス停下車。
復路＝不動滝バス停から奈良交通バス21分で近鉄・JR桜井駅南口へ。

■マイカー
大阪方面からは西名阪道天理IC経由、国道169号を桜井警察署を目指し、中和幹線道路を東進。国道165号に合流し、桜井薬師局信号を右折、談山神社方面の途中、下居バス停から音羽観音分岐へ。分岐手前に4～5台の駐車スペース。

■登山適期
通年登られている。ただし、積雪期は軽アイゼンが必携。サクラ、ミツバツツジは4月上旬、ツツジは5月、紅葉は10月下旬～11月。

■アドバイス
▽稜線に水場はない。
▽音羽山観音寺（善法寺）から音羽山への登山道は、旧沢道より万葉展望台経由の方が歩きやすい。
▽善法寺は静かな隠れ古刹。境内のオハツキイチョウは10月下旬が見頃。

■問合せ先
音羽山観音寺☎0744・46・0944、奈良交通☎0742・20・3150

■2万5000分ノ1地形図
畝傍山・古市場

れた**経ヶ塚山**に着く。展望こそないが、古い石灯篭が残り、しばし、憩うにはよいところである。

経ヶ塚山からは露岩混じりの急坂を鞍部へ下る。途中、熊ヶ岳や宇陀《うだ》の町、遠く高見山《たかみやま》の眺望も得られる。鞍部からはクマザサが道を覆う急坂を行き、緩やかな吊尾根状の坂を経て**熊ヶ岳**山頂に立つ。

クマザサに覆われた山頂には山名板が残るだけである。頂を辞して、右から百市からの道を迎えると、ササが茂り、倒木が多い尾根を行く。

やがて近鉄大峠無線反射板がある**4等三角点峰**に着く。ササがなくなった杉林の道を下れば、ヤマザクラの巨木の下に「女坂伝承地」の石柱と祠がある**大峠**に着く。峠を右に下れば、すぐ下が林道終点だ。舗装林道となり、**針道**を経て**不動滝バス停**へ向かう。

善法寺の本堂

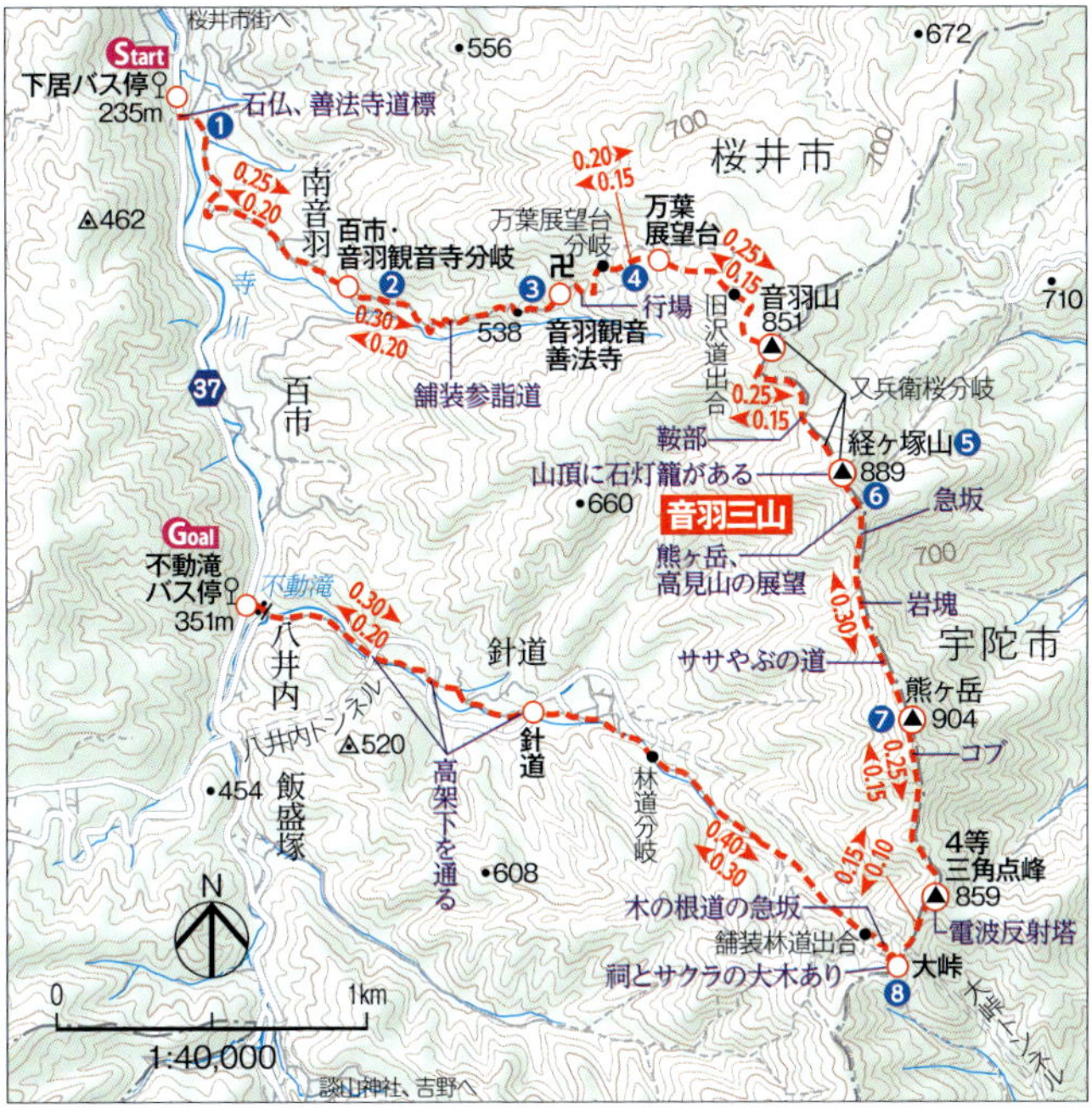

CHECK POINT

下居バス停から50㍍ほど川沿いに上がり、音羽観音の道標がある橋を渡って左折する

百市分岐から善法寺参詣道へ向かう。急な舗装参道を登りつめると石段が現れ、登ると善法寺だ

善法寺のお葉つき銀杏の下を通って行場の建物を右にすれば山道に入る

沢沿いの旧道と万葉展望台への分岐は右の山腹から万葉展望台を目指す

音羽山との鞍部から急坂を登ると樹木に覆われた経ヶ塚山の山頂に着く

経ヶ塚山から南へ向かうと熊ヶ岳が垣間見える。急坂を下って露岩の鞍部へ出る

クマザサの茂る急坂を登った熊ヶ岳山頂は狭く、樹木に囲まれて視界は得られない。

女坂伝承地の大峠からは右へ木の根道の悪路を林道終点へ下り、不動滝バス停へ向かう

23 今昔物語に登場する仙人が修行したという山

龍門岳

りゅうもんだけ
904m

日帰り

歩行時間＝4時間40分
歩行距離＝4・5km

技術度 ■■□□□
体力度 ■□□□□

コース定数＝19	
標高差＝664m	
累積標高差	↗898m ↘787m

龍門滝は沢床から見ると二段10メートル斜瀑の下に滝壺をもっている

龍門岳は山麓に多くの伝説や名所旧跡をもち、美しい山容を津風《つぶ》呂《ろ》湖に映している。登山口の吉野《よしの》山口《やまぐち》神社へは近鉄大和《やまと》上市《かみいち》駅からタクシーを利用する。

吉野山口神社の先から農道をたどれば、林道出合の右側に祠と道標が現れる。道標にしたがって進むと、簡易水道施設跡地があり、数台の駐車スペースがある。

先へ進むと、左に**龍門滝**への散策路があり、滝壺をもつ落差約10メートル、2段の斜瀑を仰ぎ見る沢床に出る。この滝は今昔物語に登場する久米仙人が修行したと伝えられ、近くには松尾芭蕉の句碑も立っている。

滝から右へ上がり、元の道へ戻って先へ進む。道が右岸に移ると、左上に白鳳年代創建の**龍門寺跡**がある。道は沢を離れ、**林道終点**となって、丸太の階段道から、やがて登山道となり、右に斜上して滝頭に出る。沢を左岸から右岸、右岸から左岸と渡り返し、二俣へ出る。左からの沢を横切り、前方の**尾根に取り付く**。露岩混じりの急坂は植林の中、木の根道となって龍門岳の肩まで続く。

やがてススキやクマザサが見られるようになると傾斜も緩み、1等三角点**龍門岳**の頂に着く。広場の中央に「岳の明神」とよばれる高皇産霊神《たかみむすびのかみ》を祭神とする小祠が祀られている。

頂の桜古木と祠をあとに、三津・細峠方面へ向かう。森林帯の道は左折するあたりから勾配を増すが、それもしばしのこと、すぐに歩きやすくなり、送電線鉄塔が建つ草付斜面に出る。前方に展望が開け、音羽山を望むことができる。

よく整備された緩やかな道は**三《み》津《つ》峠**まで続く。峠からは一転してササが茂る踏跡に倒木が混じる。

■鉄道・バス
往路＝＝近鉄吉野線大和上市駅からタクシー15分で吉野山口神社へ。
復路＝不動滝バス停から奈良交通バス21分で近鉄・JR桜井駅南口へ。

■マイカー
大阪方面からは、松原ICから南阪奈道路を橿原市へ。橿原市から国道169号を大淀町を経由して大和上市の先、河原屋西の信号を左折、山口神社を目指す。神社の左、農道から林道を簡易水道施設跡の駐車スペースへ。

■登山適期
通年登ることができる。ただし積雪期は軽アイゼンが必携。サクラ、ミツバツツジは4月上旬、ツツジは5月、紅葉は10月下旬〜11月。

■アドバイス
▽三津峠から大峠は悪路で不明瞭な場所もある。地形図と磁石あるいはGPS必携。
▽夏場は水も1リットルは持参したい。

■問合せ先
吉野町役場産業観光課☎0746・32・3081、奈良交通☎0742・20・3150、奈良近鉄タクシー☎0746・32・2961

■2万5000分ノ1地形図
新子・古市場・畝傍山

CHECK POINT

1 吉野山口神社の前から左の農道を選んで龍門岳山頂を目指す

2 林道終点からは階段状の道がしばらく続くが、やがて山腹を斜上して滝頭を左岸へ行く

3 二俣から露岩混じりの急坂が続き、やがて木の根道になると龍門岳の肩に着く

4 祠と三角点の横にヤマザクラの古木がある龍門岳の頂は広場になっている

5 送電鉄塔の草原から三津峠へは快適な道だが、三津峠からは一転してクマザサが茂る歩きにくい道になる

津風呂湖から望む龍門岳

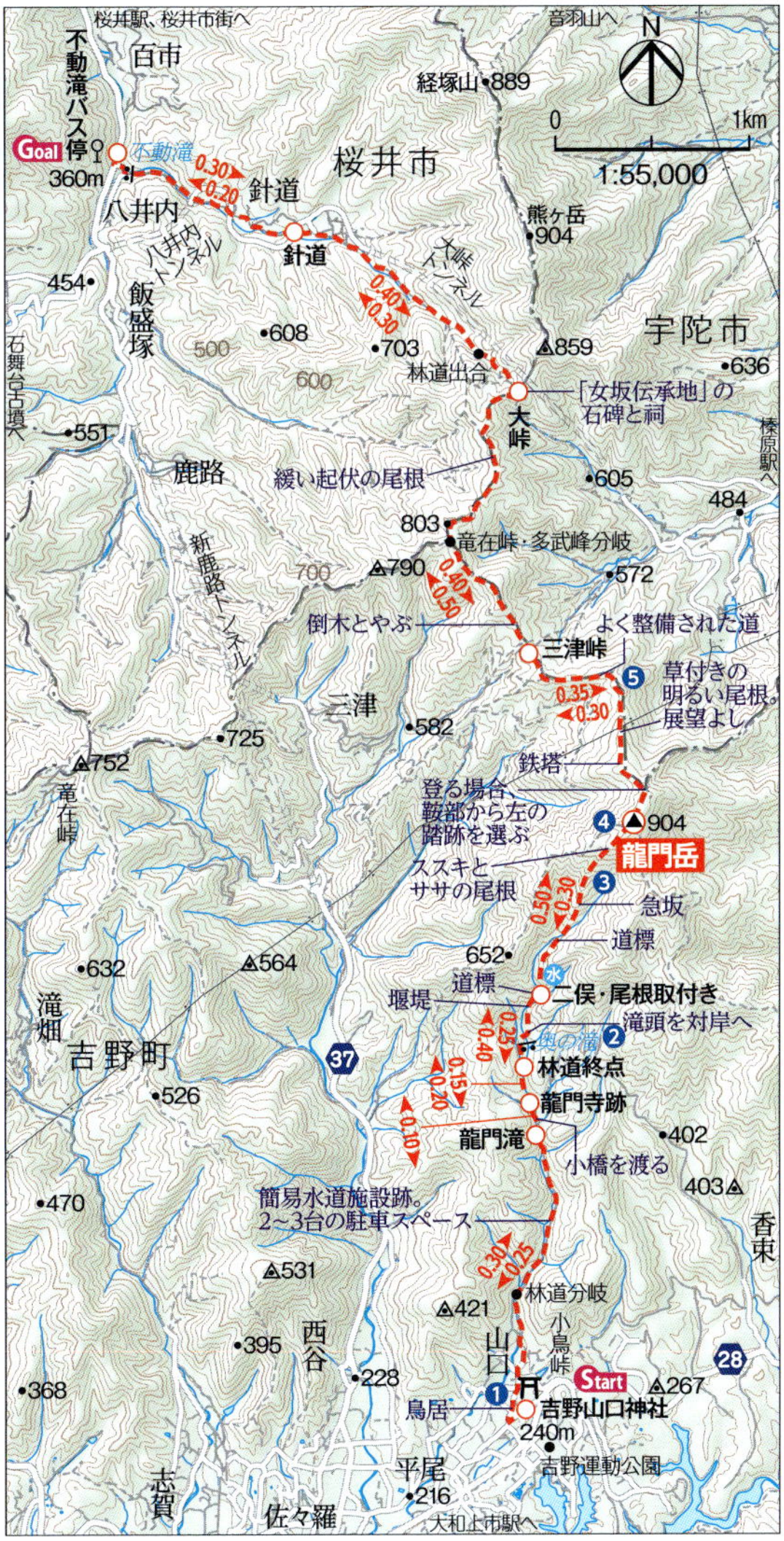

やがて竜在《りゅうざい》峠（多武峰《とうのみね》方面）と大《おお》峠分岐のコブに着く。大峠へと進路をとり、樹林の道を下れば「女坂《めさか》伝承地」の石碑と祠がある**大峠**に着く。大峠からは左、針道《はりんど》方面へ下れば5分ほどで林道終点に出合う。あとは舗装林道を**針道**集落を経て**不動滝バス停**へ行けばよい。

24

山麓に万葉歌人が眠る「大和富士」の別名をもつ名山

額井岳・戒場山

日帰り

ぬかいだけ　812m
かいばやま　737m

歩行時間＝3時間50分
歩行距離＝7・5㎞

技術度
体力度

コース定数＝17
標高差＝472m
累積標高差　728m　733m

「大和富士」の別名をもつ額井岳は、室生《むろお》火山群の中でも秀麗な山容で知られ、山頂には水神を祀った小さな祠がある。干ばつの時には麓の村人が「岳のぼり」をして雨乞をし、古くから親しまれている。

榛原《はいばら》駅前から天満台《てんまだい》行きのバスに乗り、**天満台東二丁目**で下車。住宅街のはずれで右に分岐する町道を選び、額井公民館前の道を登る。子安地蔵、石灯篭をすぎれば広域農道を横断する。

右のカーブミラーから枝道を登ると、東海自然歩道に突き当たる。左上の**十八《いそは》神社**鳥居下の畦道を左へ行き、山道に入る。

左から道を迎えると、ほどなく水場を右にして林道に出る。この林道を左へ行き、道標を右へ上がり、分岐を左に選べば、やがて左下に室生ダムを垣間見る。

樹林の中、急坂をひと登りすれば尾根の乗越鞍部に出る。鞍部からは植林境界尾根の急登しばし、登りつめれば**額井岳**頂上だ。山頂には祠とあずまやがある。

頂を辞したら戒場山へ行く。縦走路を東へ下り、小さなコブを2つ越えれば、**無線反射板**を左にする。尾根道は東へ急坂となって下り、**戒場峠**に着く。峠から明るい尾根を登り返せば**戒場山**に着く。

↑榛原から額井岳の全容

←山部赤人の墓からは山畑の道を下る

■鉄道・バス
往路＝近鉄榛原駅から奈良交通バス8分で天満台西二丁目バス停下車。
復路＝天満台東三丁目バス停から奈良交通バス10分で近鉄榛原駅へ。

■マイカー
大阪方面からは西名阪国道針ICから国道368号を南下して榛原町へ。十八神社下の東海自然歩道に2～3台の駐車スペースがある。戒長寺の駐車場は寺の許可が必要。

■登山適期
通年登られている。ただし、積雪期は軽アイゼンが必携。サクラ、ミツバツツジは4月上旬、アジサイは5月、紅葉は10月下旬～11月。

■アドバイス
▽林道手前の水場はコース中で唯一。夏場は必要なら補給するといい。
▽額井岳山麓には日帰り温泉の美榛苑（宿泊・食事も可／☎0745・82・1126）があり、榛原駅前から送迎バスも出ている。

■問合せ先
宇陀市役所観光課☎0745・82・2457、奈良交通バス榛原営業所☎0745・82・2201

■2万5000分ノ1地形図
初瀬

戒場山からは、稜線を鞍部の道標まで行き、右の沢に向って下ると、戒長寺裏の駐車場に出る。聖徳太子の建立という**戒長寺**の境内には天然記念物のお葉付きイチョウとホオノキの巨木がある。

寺をあとに石段を下ると、戒場の里山風景が広がる。東海自然歩道の十字路を右にとり、棚田の景色を楽しみつつ緩やかに登っていけばあずまやに着く。その裏にある**山部赤人の墓**に詣でたら、道標にしたがい、林間の小道を下る。

山畑の道から桐頭《きりがしら》の集落をすぎ、広域農道を横断。左前方の林道を下り、分岐を右へ登って天満台住宅地へ入る。住宅街の大通りに出たら、右に進めば、**天満台東三丁目バス停**に着く。

CHECK POINT

1 子安地蔵の前を通って広域農道へ出たら横断して、カーブミラーのところから坂道を登る

2 十八神社の前を通り、植林の山道へ入り、左から赤瀬からの道を迎えて水場を経由して林道へ出る

3 都祁村との峠になっている尾根の乗越からはまっすぐ尾根を登っていく

4 額井岳からは植林境界の急坂を下り、鞍部を登り返して無線反射板の下へ出る

5 反射板の先で尾根が北から東へ曲がると、戒場峠への急坂を下る

6 戒長寺の石段を下ると東海自然歩道が通る十字路に出る

7 村の中を通る自然歩道を行くと、右に棚田が広がり、室生の山々が望まれる

8 峠のあずまやに到着したら、左下に山部赤人の墓がある。立ち寄っていこう

鳥見山・貝ヶ平山・香酔山

つつじの名所と棚田を訪ねる里山縦走

日帰り

歩行時間＝4時間2分
歩行距離＝11・0km

技術度

体力度

とみやま 734m
かいがひらやま 822m
こうずいやま 795m

コース定数＝19

標高差＝512m

累積標高差 ↗769m ↘769m

榛原から眺める貝ヶ平里山三山

見晴台から宇陀の町を俯瞰する

榛原《はいばら》の北に穏やかな山容の山々が連なるのが目に入る。鳥見山、貝ヶ平山、香酔山などの里山群だ。

登山の起点は**近鉄榛原駅**。北口バス停から左へ100《メートル》ほど行き、右折してあかね台1の住宅地を北へ進む。国道165号を横断、次のあかね台2の信号で右折、坂道を上がると鳥見山公園への道標がある。

道標にしたがって林道を登れば道が二分する。右の新しい道を選んで鳥見山公園駐車場に着く。**鳥見山公園**はツツジの名所として知られ、花期には勾玉池を中心に一面紅に染まる。また神武天皇聖跡伝承地の顕彰碑などもある。

鳥見山へは休憩所横の階段道を上がる。小さな鞍部から右の**見晴台**に立つと、台高《だいこう》・大峰《おおみね》山脈から金剛《こんごう》・葛城山《かつらぎさん》まで展望できる。スギとヒノキの植林が続く道を行けば**鳥見山**頂上に着く。

山頂からはすぐに右折、明るい杉林が植林境界の道に変わるとササが多くなってくる。尾根が北へ曲がるあたりで**玉立《とうだて》・青竜寺《せいりゅうじ》への分岐**を右に見送り、ロープのある坂を登る。道が平坦になると、右に**香酔山分岐**を見て、再び現れる急坂を登れば、玉垣に囲まれた石柱がある**貝ヶ平山**に着く。

■鉄道・バス
往路＝近鉄榛原駅下車。鳥見山公園までタクシーの利用もできる。
復路＝玉立橋バス停から奈良交通バスに乗り榛原駅へ。

■マイカー
京阪和方面からは西名阪道を針ICで降り、国道370号を香酔峠から玉立で右折、橋を渡って鳥見山公園駐車場へ（無料30台）

■登山適期
通年登られている。ただし積雪期は軽アイゼン必携。サクラは4月上旬、ツツジは5月、アジサイ、スイレンは6月、紅葉は10月下旬〜11月。

■アドバイス
▽紹介コースに危険箇所はない。
▽逆コースの場合、玉立の青竜寺の30《メートル》ほど手前左に古い石灯籠がある。その先の分岐を右へ入る。
▽貝ヶ平山の化石採取場からは、満月貝や鮫の歯などが出土している。
▽山麓に日帰り温泉の美榛苑（☎0745・82・1126）があり、榛原駅前から送迎バスも出ている。

■問合せ先
宇陀市役所商工観光課（榛原観光協会）☎0745・82・2457、奈良交通バス榛原営業所☎0745・82・2201

■2万5000分ノ1地形図
初瀬・大和白石

貝ヶ平山山頂からは、**香酔山分岐**まで戻り、東へ急坂を下って**香酔山**を往復しよう。**香酔山分岐**に戻ったら、さらに往路を**玉立・青竜寺分岐**まで下る。木立に残るテープが目印だ。

道は右の山腹をからむように緩やかに下り、露岩の上に出る。この左下が**化石採取場**だ。ここから道は傾斜を増し、U字にえぐれ、倒木や落枝が多く、歩きにくい。倒木や落枝が少なくなり、木の間越しに住居の屋根が見えれば、山畑の中を通って、青竜寺から30メートルほど下の民家横へ下り着く。ここが**貝ヶ平山登山口**で、あとは棚田の田園風景を楽しみつつ**玉立橋バス停**でバスに乗るか、さらに歩いて**近鉄榛原駅**に戻る。

CHECK POINT

1

ツツジの花期なら、時間の許す限り鳥見山公園を散策したい

2

鳥見山公園から尾根に登ると、右に展望台があり、室生の山々や大峰、台高まで見わたせる

3

杉の植林帯をすぎるとササが茂る道になり、しばらくは雑木と植林の境界を行く

4

玉立・青竜寺分岐の先から急坂を登ると右に香酔山への分岐が現れる

5

香酔山分岐をすぎると、短い距離だが、貝ヶ平山への急坂を登る

6

倒木がじゃまする香酔山への登り返しは、ササの茂る急坂だ

7

玉立集落が見えれば、山畑の道から青竜寺下の農道へ出る

8

青竜寺の下からは、真っ直ぐ農道を進み、棚田のある風景を楽しみつつ玉立橋バス停へ

26

高山右近ゆかりのダリオとジュストの道から神武東征伝説の山へ

伊那佐山・井足岳

いなさやま 637m
いだにだけ 550m

日帰り

歩行時間＝3時間29分
歩行距離＝8・5km

技術度

体力度

コース定数＝**14**

標高差＝300m

累積標高差 ↗444m ↘471m

伊那佐山山頂からは音羽三山が手に取るように見える

宇陀《うだ》盆地の一角、比布《ひふ》から芳野《ほうの》川にかかる石田《いしだ》橋まで行き、流れの先を眺めると、ひときわ目を引く山がある。神武東征伝説を残す伊那佐山である。この山に登り、北上して井足岳を結ぶコースを歩いてみよう。

比布バス停のすぐ先を左折、伊那佐文化センターから左の畑中の道をたどる。芳野川にかかる竹《たけ》橋を渡って伊那佐山への分岐を左に見送ると、やがて**ダリオとジュストの道分岐**だ。左に道標がある。

その道標にしたがって集落のはずれで**山道へ入る**。左に山ノ神を見れば、まもなく池畔に着く。小沢を渡って急坂を上がると、小さな**鞍部**に出る。右の**出ノ丸跡**に立ち寄ったら**鞍部**へ戻り、登り返して尾根を北上すると、自然林の鞍部。左から踏跡を迎えるが、直進すると天狗岩のテラスに出る。

ここで歩いてきた比布の村や遠く大峰《おおみね》山脈を望んだら、尾根を先へ進もう。やがて広い伊那佐山参詣道に合流する。参道をまっすぐ進めば、都賀《とが》那岐《なき》神社の社殿と休憩所が建つ**伊那佐山**だ。境内の西側展望台からは音羽《おとわ》三山や宇陀盆地が手にとるように見える。

山頂からは社殿横にある三角点標石の横から北へ尾根を下り、林道終点へ下りる。標識には、ここから先は「ハイキングコースに適さない」と記されている。井足岳へは踏跡程度の山道で、道標などはないからだ。

林道を横断し、雑木の尾根の踏跡をたどる。しばらくは倒木や落枝が多いが、小さなコブを越え、フェンス沿いに露岩を踏み下ると広い道になる。鞍部で山道に変わり、やがてアカマツ林と雑木の二次林へ入って急坂に転じるが、そ

■鉄道・バス
往路＝近鉄榛原駅から奈良交通バス9分で比布バス停下車。
復路＝近鉄榛原駅から帰途につく。

■マイカー
大阪方面からは南阪奈道路を橿原で降り、国道165号を中和幹線道路に入り、再び国道165号を榛原へ。榛原西峠交差点で右折、国道307号を横断、直進して芳野川沿いに進み、比布バス停の先を左折。伊那佐文化センター駐車場へ。

■登山適期
通年登られている。サクラ、イワウチワは4月上旬、モモ、ツツジは5月、紅葉は10月下旬～11月。

■アドバイス
▽伊那佐山北側の林道終点から井足岳まで道が交錯するので、迷い込みに注意。
▽山麓には日帰り温泉の美榛苑（宿泊・食事も可／☎0745・82・1126）があり、榛原駅前から送迎バスも利用できる。

■問合せ先
宇陀市役所観光課（榛原観光協会）☎0745・82・2457、奈良交通バス榛原営業所☎0745・82・2201

■2万5000分ノ1地形図
初瀬・古市場

れもしばしのこと、登りきって右へ行けば**井足岳**に着く。

植林に囲まれた山頂から東へ下っていけば沢沿いの杣道に出合う。そのまま進んで沢を渡り返し、**船尾**《ふなお》集落最奥の民家の前へ出る。そのまま下ればバス道だ。道を左にとり、墨《すみ》坂《さか》神社を経て**近鉄榛原**《はいばら》**駅**に着く。

CHECK POINT

比布バス停から伊那佐文化センターを経て伊那佐山と沢城跡を正面にして畑中の道を行く

静かな田園地帯の風景が美しいダリオとジュストの道を出ノ丸跡へと向かう

天狗岩は展望ポイント。龍門岳から音羽三山の山並みと宇陀の町を視界に納める

山頂にある都賀那岐神社の社殿を左へ行けば、樹木が刈り払われた展望台がある

林道出合を左へ行き、切通しの右上にある踏跡から尾根へ出る

フェンス沿いの露岩の道を下ると歩きやすい平坦な道になり、479㍍峰へ向かう

井足岳の三角点から東へ尾根を下ると小沢の右岸に出る。やがて船尾集落の民家の前を通る

船尾集落からバス道へ出たら北進し、墨坂神社前の橋を渡れば榛原駅は近い

27 住塚山・国見山

ヤマザクラの名所から好展望の2峰へ

日帰り

すみづかやま 1009m
くにみやま 1016m

歩行時間＝4時間15分
歩行距離＝11・5km

技術度 ▲▲▲

体力度 ♥♥

コース定数	＝**20**
標高差	＝596m
累積標高差	↗832m ↘833m

屏風岩公苑のヤマザクラと屏風岩

住塚山、国見山は東西2キロにわたって柱状節理の障壁を連ねる屏風岩の奥に位置し、容易に全容を見せないが、2峰ともに展望に恵まれた山である。この2峰を結んで歩くコースを紹介しよう。

名張《なばり》駅からの三重交通バスを**長野《ながの》バス停**で下車、学校との間を流れるこも川沿いの小道を長野橋へ向かう。最奥の民家の前を通って、要所にある道標に導かれ、屏風岩公苑を目指す。植林帯に入って、ヘアピンカーブをすぎると、道標が「右、兜岳、左、屏風岩公苑」を示している。左へ進み、林道終点の**屏風岩公苑**まで行く。屏風岩南面直下の窪地はヤマザクラの古木が多く、花期や紅葉の時期には多くの観光客でにぎわう。

公苑を東から西へまっすぐ通り抜け、分岐を右にとり、植林の道をジグザグに登りきれば**一ノ峰の鞍部**へ出る。左折して尾根道を行く。ゼニヤタワへの踏跡を右にし、小さな起伏を2～3度すぎると**住塚山**山頂だ。眼下に屏風岩の岩稜を眺め、国見山を望んでひと息入れていこう。

山頂からは、北東に続く尾根道をゼニヤタワへ下る。ゼニヤタワから国見山へは岩塊の多い急登と狭い尾根道である。ロープを伝い、岩塊とやせ尾根をすぎればススキの茂る**国見山**の頂に着く。三角点

■鉄道・バス
往路＝近鉄名張駅から三重交通バス45分で長野バス停下車。
復路＝曽爾横輪バス停から三重交通バス43分で近鉄名張駅へ。

■マイカー
大阪方面からは南阪奈道路を橿原で降り、国道165号、国道369号などで曽爾へ。掛交差点を左折、長野郵便局の先で左折、林道終点の屏風岩公苑駐車場（有料）へ。

■登山適期
通年登られるが、冬期は冬山経験豊富なリーダーの同行が必須。ヤマザクラ、ミツバツツジは4月中旬クルマユリ、シャジンなどは8月上旬、紅葉は10月中旬～11月上旬。

■アドバイス
▽ゼニヤタワから国見山へは露岩とやせ尾根の急登で、悪天時は慎重に。
▽住塚山からゼニヤタワの間はカラマツ林で、初夏は新緑、晩秋は紅葉が美しい。
▽サブコースとして松ノ山方面をショートカットし、ゼニヤタワに戻って、若宮峠から長野バス停へのコースもある。

■問合せ先
三重交通伊賀営業所☎0595・66・3715、曽爾村役場むらづくり推進課☎0745・94・2101

■2万5000分ノ1地形図
大和大野・初瀬・高見山

がある頂には双仏石が安置されている。樹木の生長で以前に比べると展望は狭くなったが、北から東への展望は思うがままだ。

頂を辞したら尾根を北へ下り、鞍部から登り返す。登り着いた松ノ山からは階段道を林道終点の**クマタワ**へ下る。室生《むろお》方面への山道を左に分けて右へ進み、済浄坊《さいじょうぼう》渓谷入口まで行く。道標から左の谷道へ入ると、散策路が沢沿いに続く。小滝、ナメ滝、**済浄坊ノ滝**などを眺め行けば、道は林道に変わり、目無し橋に着く。

橋を渡って舗装路を行き、長走りの滝や兜岳を眺めて道なりに下り、**サンビレッジ曽爾**を経て、**曽爾横輪バス停**が終着点だ。

CHECK POINT

1
サクラの開花時期なら、ヤマザクラが目が覚めるように美しい屏風岩公苑の中を通り抜ける

2
屏風岩の岩稜や鎧岳、兜岳を眺めることができる住塚山の頂はひと息入れるのにちょうどよい

3
住塚山からは、国見山を正面に見てカラマツ林をゼニヤタワへ下る

4
カラマツ林に囲まれたゼニヤタワは屏風岩方面への分岐になっている

5
ゼニヤタワからは岩塊をいくつも踏み越えて、ロープが張られた狭い岩尾根に出る

6
ススキが茂り、樹木が生長した国見山の頂にはベンチが置かれ、双仏石が安置されている

7
済浄坊渓谷へ入ると、道は右岸から左岸に移って、済浄坊ノ滝を眺め下る

8
目無橋を渡って長走りノ滝を眺めたら、サンビレッジの中を通って曽爾横輪バス停へ

長野付近から見る兜岳(左)と鎧岳(右)

28 風光明媚な山麓から曽爾の鋭鋒に登る

鎧岳・兜岳

よろいだけ　894m
かぶとだけ　920m

日帰り

歩行時間＝3時間35分
歩行距離＝7.0km

技術度 ▲▲▲
体力度 ♥

コース定数＝17
標高差＝501m
累積標高差 ↗755m ↘759m

青蓮寺《しょうれんじ》川の支流横輪《よこわ》川をはさみ、並んでそびえる鎧岳と兜岳は、曽爾《そに》を代表する鋭鋒である。柱状節理とよばれる岩壁が古武士の甲冑のように見えることから、その名がついたという。

近鉄名張《なばり》駅から三重交通のバスに乗り、**曽爾横輪**で下車する。バス停から北を仰ぎ見ると、兜岳がそびえて見える。道を北へ登っていけば済浄坊《さいじょうぼう》渓谷への道標がある。道標にしたがって県道を離れ、細道へ入る。キャンプ場のサンビレッジ曽爾を通って、先ほど離れた林道に出たら、目無《めなし》橋を渡って**延命地蔵（目無地蔵）**まで行く。

延命地蔵の祠を左にして、右の小沢沿いに行けば堰堤が現れる。その先で小沢を渡り、まっすぐ植林帯の斜面を登って右の尾根へ出る。やがて、大きな一枚岩を踏み越えると、木の根や露岩をつかんでの急坂に転じ、ロープを伝っての登りが山頂直下まで続く。

鎧見橋付近から鎧岳

周囲が雑木林になると、傾斜も緩んで視界が開け、まもなく**兜岳**山頂に着く。小広い山頂は雑木が茂り、展望は木の間から曽爾横輪の家々や南の山並みが

■**鉄道・バス**
往路＝近鉄名張駅から三重交通バス43分で曽爾横輪バス停下車。
復路＝葛バス停から三重交通バス38分で近鉄名張駅へ。

■**マイカー**
大阪方面からは南阪奈道路を橿原で降り、国道165号、369号などで曽爾へ。掛交差点を直進し、横輪バス停で左折、サンビレッジ曽爾駐車場へ。

■**登山適期**
通年登られているが、冬期で積雪がある場合、熟達した冬山経験者の同行が必須。サクラ、ミツバツツジほかの花期は㉗住塚山・国見山参照。

■**アドバイス**
▽積雪のある時期や雨天の際などは足場が予想外に悪くなるため、入山は避けたい。
▽鎧岳・兜岳縦走の場合、曽爾横輪から入山し、新宅本店前へ下山するコースが一般的であるが、鎧岳からの下山路は落葉が植林道を覆うため、踏跡の見落としに注意したい。

■**問合せ先**
曽爾村役場企画課☎0745・94・2101、サンビレッジ曽爾☎0745・94・2619、三重交通伊賀営業所☎0595・66・3715

■**2万5000分ノ1地形図**
倶留尊山・大和大野

見えるだけである。

兜岳からは東へ、岩尾根伝いに下って鎧岳へ向かう。道は狭く、右側が切れ落ちて垂壁になっている。尾根が屈曲するあたりから目指す鎧岳や倶留尊《くろそ》山《やま》、古光山《こごやま》、曽爾高原から台高《だいこう》山脈まで望まれ、すばらしい眺めだ。

小さなコブを越え、ロープを伝って下ると**峰坂《むねさか》峠**に着く。峠から植林の山腹をからむように斜上すると鞍部に出る。鞍部の標識から右へ2～3分も行けば**鎧岳**山頂だ。東側に展望が得られ、曽爾高原や倶留尊山が展望できる。

鎧岳からは**峰坂峠**へ戻って左折、山腹を下り、林道終点に出る。林道が**ヒダリマキガヤ群生地**の分岐を左折すると、やがて曽爾郵便局の前にある**葛《かつら》バス停**に着く。

CHECK POINT

曽爾横輪バス停からは、まっすぐ兜岳を仰いで林道をサンビレッジへ向かう

延命地蔵の前から沢沿いの道へ入ったら、堰堤まで進んで対岸に渡り、尾根へ出る

樹林帯を出て灌木帯に移る。一枚岩付近から見上げる兜岳はなかなかの迫力だ

一枚岩を踏み越えていくと、兜岳の基部に出る。ここからは露岩の急坂だ

兜岳の山頂は雑木に囲まれ展望は木の間からわずかに横輪の村がのぞけるだけ

兜岳山頂の東端から狭い尾根をたどって峰坂峠への急坂を下っていく

周囲に樹木が茂る鎧岳の山頂からは樹間越しに曽爾高原が見えるだけだ

金強神社の鳥居を見て、ヒダリマキガヤ群生地への分岐をすぎれば、やがて葛バス停に着く

29

山頂部に5つのコブをもつ峻険な岩稜の山

古光山《こごやま》・後古光山《うしろこごやま》

952m
892m

日帰り

歩行時間＝4時間35分
歩行距離＝10.5km

技術度 ■■■□□
体力度 ■□□□□

コース定数＝19

標高差＝542m

累積標高差 ↗760m ↘785m

古光山・後古光山の全容

屏風岩《びょうぶいわ》山麓から南を眺めると2つの峻険な山が目に入る。山裾を長く引く典型的な火山の形を残す古光山、後古光山である。この2山を結んで歩いてみよう。

曽爾《そに》村役場前バス停からすぐに青蓮寺《せいれんじ》川の橋を渡り、塩井《しおい》集落を通っていく。大《おお》峠を示す案内板のある分岐を左上へ登り、**大峠**まで行く。御杖《みつえ》村側にわずかに寄ったふきあげ斎場入口の左にある道標から山道に入る。

道は杉林に入ると急坂になって、ロープ沿いに進む。尾根に出ると傾斜が緩み、周囲が開ける。振り返ると龍門岳《りゅうもんだけ》から吉野《よしの》方面の山並みが木の間越しに見える。再び急坂となった岩尾根を登りきると南峰（五峰）の岩頭だ。晴れた日には曽爾から伊勢の山並みまで360度の展望が得られる。

あきることのない眺めをあとにすると、四峰への岩稜歩きになる。展望は北西に開けるのみだが、長野《ながの》地区の家並みや青蓮寺川を眼下に、屏風岩、住塚《すみづか》山《やま》、国見《くにみ》山《やま》がパノラマのように展開する。

四峰を離れると、やがて最高峰の三峰の頂に着く。木の根道の急坂を下り、二峰を経て登り返せば**古光山**（一峰）山頂に着く。展望は木の間から曽爾高原と倶留尊山《くろそやま》が垣間見えるだけだ。

山頂からは東へまっすぐ急下降する。間断なくセットされたロープ沿いにフカタワまで下る。登りに転じてからも連続するロープ伝いにたどると**後古光山**の頂だ。

後古光山からは東へ下る。ロープが張られた崩壊斜面の坂を下りきると、展望広場からの道を右から迎える。倶留尊山を前方に眺め、樹林の坂道を下り切れば長尾峠に着く。

■鉄道・バス
往路＝近鉄名張駅から三重交通バス44分で曽爾役場前下車。
復路＝葛バス停から三重交通バス38分で近鉄名張駅へ。

■マイカー
曽爾トンネルを出て2つ目の分岐を右折、林道を大峠へ。

■登山適期
通年登られているが、冬期で積雪がある場合、熟達した冬山経験者の同行が必須。サクラ、ミツバツツジほかの花期は㉗住塚山・国見山参照。

■アドバイス
▽日が短い時期は曽爾村役場から大峠までタクシーで行くこともできる。
▽古光山・後古光山は急峻なアップダウンがあり、ロープ場が連続する。初心者が安易に踏み込むのは危険。
▽南峰付近は岩稜で、一峰まで尾根の両側はブッシュで見えないが、深く切れている。また、一峰からフカタワへの下りはすべりやすい。雨天、積雪時は慎重に行動したい。

■問合せ先
三重交通伊賀営業所☎0595・66・3715、曽爾村役場企画課☎0745・94・2101、大手タクシー☎0745・94・2040

■2万5000分ノ1地形図
倶留尊山・菅野

道を左へ進み、曽爾高原入口（臨時バス駐車場）から左へ道標にしたがって下ると、**曽爾高原ファームガーデン**の前を通り、太良路《たろうじ》集落へ入る。

極楽寺《ごくらくじ》の分岐を右に選び、橋を渡れば**太良路バス停**だ。

CHECK POINT

1 大峠登山口はふきあげ斎場入口の左側からまっすぐ杉林を抜ける

2 岩稜を登れば南峰（五峰）へ登り着く。岩頭からは360度の展望が得られる

3 ロープが張られた五峰から四峰への岩稜からは後古光山や曽爾高原が見える

4 曽爾高原から倶留尊山への山並みを眺めながら、四峰の岩稜帯を行く

5 成長した樹林に囲まれた古光山の頂からは、東へロープを伝って急下降する

6 太良路と御杖を結ぶフカタワに下りつく

7 幾重にも張られたロープに沿ってフカタワから後古光山へ、急な岩稜を登る

8 低灌木が茂る東西に細長い後古光山の頂から、越えてきた古光山を振り返る

倶留尊山

くろそやま 1037m

大展望の高原をめぐる曽爾の名峰

日帰り

歩行時間＝4時間10分
歩行距離＝12・5km

技術度

体力度

コース定数	=**21**
標高差	=652m
累積標高差	↗ 895m ↘ 895m

曽爾高原の朝

倶留尊山塊は西側から見ると曽《そ》爾《に》高原のお亀《かめ》池をとりまくように、倶留尊山、二本《にほん》ボソ、亀山《かめやま》が穏やかな姿を見せるが、東側へ回り込むと、岩壁をめぐらす峻峰となって屹立し、2つの対照的な山容を見せる。

近鉄名張《なばり》駅からバスを利用、**太良路《たろうじ》バス停**で下車する。青蓮寺《しょうれんじ》川にかかる2つの橋のどちらかを渡るが、2つ目の橋を渡れば少し近道になる。

集落に入り、極楽寺《ごくらくじ》の先で左折、山畑の道を上がって、**曽爾高原ファームガーデン**を左に見送る。道が大きく左へカーブするあたり、「東海自然歩道・曽爾高原」の道標から山道へ入り、山腹を登れば、**曽爾青少年自然の家キャンプ場**に着く。道を横断してバス駐車場へ出たら、トイレの先からつづら折りの舗装路を上がり、曽爾青少年自然の家まで行く。

建物の南側から草原の散策路へ出て、お亀池を経て**亀山峠**へ。峠から左へ急坂を登れば展望が開け、音羽《おとわ》三山や曽爾、中和《ちゅうわ》の山々が一望できる。

尾根道から樹林帯に入ると、入山料を徴収する小屋がある。そのすぐ先が**二本ボソ**の頂だ。目指す倶留尊山が目の前にそびえてい

■鉄道・バス
往路＝近鉄名張駅から三重交通バス37分で太良路バス停下車。秋のススキのシーズン中は名張駅から曽爾高原へ直通のバスが運行される。
復路＝太良路バス停から三重交通バス37分で近鉄名張駅へ。

■マイカー
大阪方面からは南阪奈道路を橿原で降り、国道165号、369号などで曽爾へ。掛交差点を直進し、太良路バス停手前で右折、青蓮寺川の橋を渡り、曽爾高原野口駐車場（有料）へ向かう。

■登山適期
通年登られている。ただし、積雪のある場合は軽アイゼンが必携。倶留尊山の登下降には充分な注意が必要。サクラ、ミツバツツジほかの花期は㉗住塚山・国見山参照。

■アドバイス
▽倶留尊山への登山には入山料500円が必要、二本ボソの小屋で徴収される。
▽曽爾高原では、早春にススキを野焼きする。野焼きのあと、しばらくは一面焼野原となる。

■問合せ先
曽爾村役場企画課☎0745・94・2101、三重交通伊賀営業所☎0595・66・3715

■2万5000分ノ1地形図
倶留尊山・大和大野

る。

池ノ平を眼下に、大洞山《おおぼらやま》や三峰《みうね》山系を眺めたら二本ボソをあとに、鞍部のケヤキ谷分岐へ下り、倶留尊山へ登り返す。露岩の急坂に設置されたロープが山頂まで続いている。急坂を登りきれば広い**倶留尊山**の頂に着く。西に展望が開け、憩うにはよい場所である。

展望に満足したら、来た道を忠実に戻る。鞍部のケヤキ谷分岐から、**二本ボソ**を経て亀山峠まで絶景を眺めながら下る。**亀山峠**からは伝説のお亀池を右に見下ろし、亀山の頂を踏み、古光山を正面にして**長尾《ながお》峠**へ下る。

長尾峠からは車道を右に選び、**曽爾青少年自然の家キャンプ場**から往路を**太良路バス停**へ。

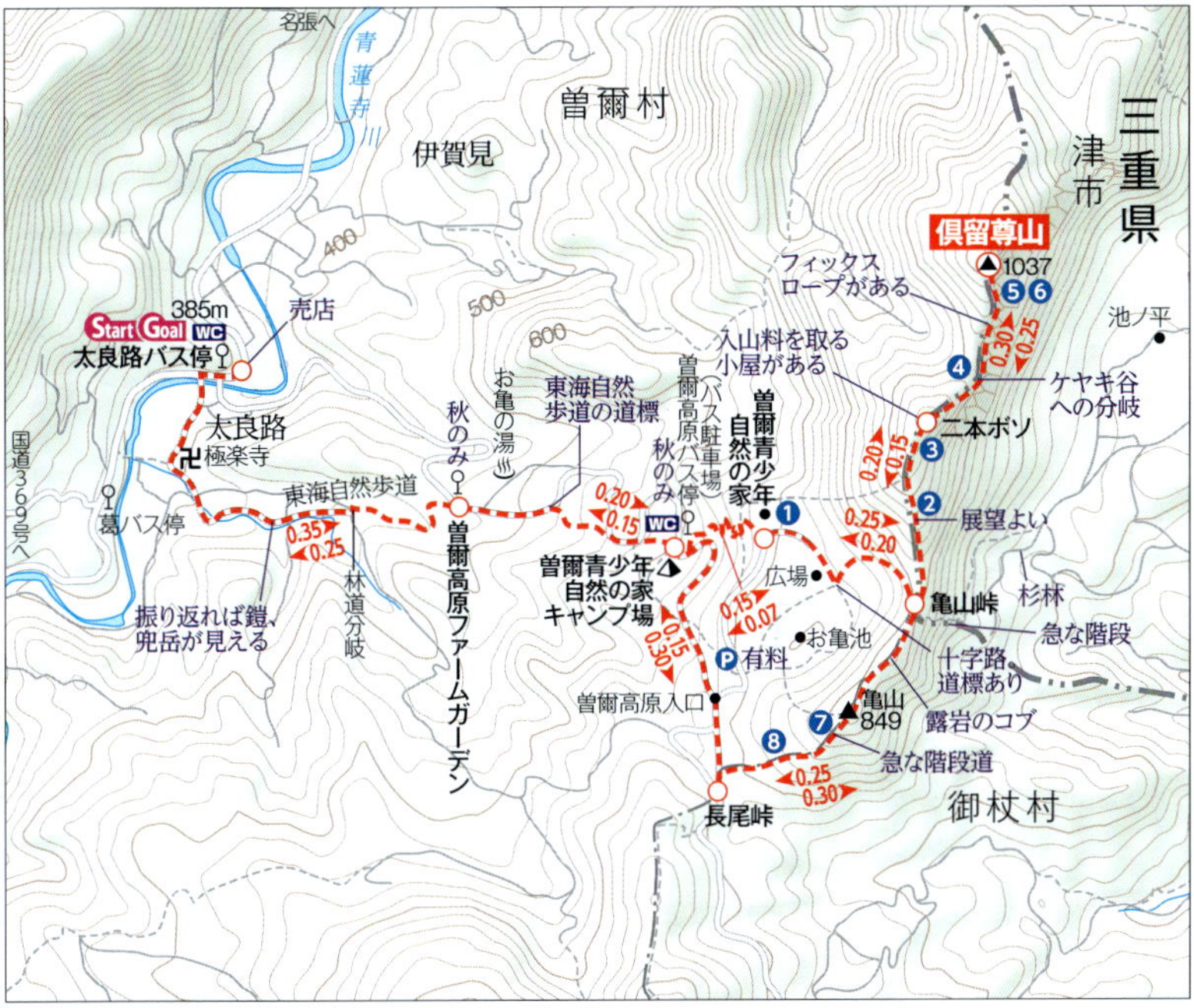

CHECK POINT

バス駐車場（曽爾高原バス停）から樹林中の林道を登りきると太郎路の集落と山々が見える

亀山峠から二本ボソへの尾根を行く。西から北への展望がすばらしい

二本ボソの頂は狭い岩峰になっているが、目指す倶留尊山を指呼の間にする

槻の木橋からの林道が西側からきているケヤキ谷分岐の鞍部から倶留尊山へ

岩稜の急坂を登りつめると倶留尊山の頂に着く。南から西へ展望が広がる

倶留尊山の山頂には小さなケルンの横に三角点と私設の山名板がある

亀山の下りには小さな岩塊がある。すべりやすくなっているので、注意して下ろう

亀山からは、古光山を正面に見て、長い階段道を長尾峠へ下る

31 学能堂山

がくのどうさん
1021m

360度ぐるりを見わたす頂をもつ不遇の山

日帰り

歩行時間＝5時間25分
歩行距離＝13・5km

技術度
体力度

コース定数	＝**23**
標高差	＝541m
累積標高差	上り 890m / 下り 890m

御杖牧場付近から眺めるのびやかでゆったりとした山容の学能堂山

曽爾《そに》の古光山《こごやま》や倶留尊山《くろそやま》に立つと、東方、三峰《みうね》山系の支脈北端に、山頂に草木をとどめないドーム形の山がある。学能堂山である。京阪奈や東海地区から、地理的に遠くないが、なぜか訪れる人の少ない不遇の山である。

国道368号を三重県側に進んだ津市コミュニティバスの小屋《こや》バス停を出発点にできるが、**敷津《しきつ》バス停**から歩く方が早い。

国道368号を下っていくと、右に「いせ道」と記された小さな**石柱**がある。ここを右折して、栄《えい》昌《しょう》寺《じ》を見送ると、道は沢の右岸へ移る。水源施設から200メートルほど進むと、左に「学能堂山」の道標がある。これを選んで**山道**に入り、小沢を2度渡り返すと、先ほどの**林道**へ出る。

林道を横断し、植林帯の涸沢を渡り、左岸の急坂を登る。涸沢が消えると、左へ山腹をからんで、台地状の中だるみから**県境尾根の鞍部**へ出る。左折して植林境界尾根を行き、シカ除けネット沿いに登ると、灌木がまばらに残る**学能堂山**山頂だ。360度さえぎるものもない大展望である。

大峰《おおみね》、台高《だいこう》山脈、曽爾、室生《むろお》など、見あきぬ展望に暇を告げたら、南へ急下降。下り着いた鞍部が佐《さ》田《た》峠への分岐だ。右の雨谷林道は倒木のために佐田峠に下るのは困難。

鞍部を直進し、振り返れば学能堂山の頂が杉林の上に名残の姿をみせる。やがて、右にフェンスと林道が接近する942メートル峰を通って白土山《しろつちやま》を踏みくだり、起伏を

■鉄道・バス
往路＝近鉄名張駅から三重交通バス54分で敷津バス停下車。
復路＝敷津バス停から三重交通バス54分で近鉄名張駅へ。

■マイカー情報
大阪方面からは南阪奈道路、国道165号、369号などで曽爾の掛交差点を右折、敷津の道の駅「伊勢本街道御杖」へ。栄昌寺の先、簡易浄水施設付近にも駐車スペースはある。

■登山適期
通年。4月上旬なら三多気の桜と合せて訪れるのもいい。ドウダンツツジやベニバナヤマシャクヤクは6月上旬、紅葉は10月中旬～11月上旬。

■アドバイス
▽コース中に危険箇所はない。
▽大阪・奈良方面から公共交通機関の利用は難しい。マイカー利用が現実的。
▽4月の「三多気の桜」シーズンは津市コミュニティバスの臨時便で杉平バス停まで行き、縦走することもできる。

■問合せ先
御杖村役場☎0745・95・2001、三重交通バス☎0595・66・3715、津市コミュニティバス☎059・229・3289

■2万5000分ノ1地形図
菅野

越えれば**小須磨《こすま》峠**に着く。峠から右へ山腹をからんで下ればコスマ林道に合流する。

道標が示すコスマ谷沿いの林道を行けば、**神末上村《こうずえうえむら》**の人家前で道が分岐する。右の道を選び、神末川沿いに北進、旧神末上村バス停から佐田峠へ出る。首はね地蔵を左に見送り、集落を抜けて国道369号に出合ったら右へ下り、道の駅交差点の斜め前にある**敷津バス停**へ向かう。

CHECK POINT

県境尾根の樹林帯を離れ、ササの茂みを抜けて振り返ると伊勢方面の山が見える

枯れ草の原を登っていけば、学能堂山山頂は目前だ

展望360度の学能堂山山頂付近にはベニバナヤマシャクヤクも見られる

学能堂山から三峰山方面を眺めると、山並みが重なり、森の深さがわかる

これから下っていく尾根を目で追うと、白土山の彼方に高見山の姿も見ええる

学能堂山から佐田峠分岐の鞍部へ下りる。佐田峠へ下る林道は倒木のため通れない

小須磨峠から林道へ下って、民家前のT字路を右へ行けば、神末上村へ出る

佐田峠の首はね地蔵をあとにしたら、林道から国道３６９号へ出て右折、敷津バス停へ

32

三郎ヶ岳

さぶろうがたけ
879m

千年桜が咲く大和茶発祥の古刹から室生の名山へ

日帰り

歩行時間＝5時間5分
歩行距離＝11・5km

技術度

体力度

コース定数＝21	
標高差＝525m	
累積標高差	↗795m ↘795m

登山口の諸木野はのどかな山里の風景が展開し、日本の原風景としても評判

春の仏隆寺境内は花で覆われる

千年桜の巨木と大和茶発祥の地で有名な古刹・仏隆寺《ぶつりゅうじ》や、日本の原風景を思わせる諸木野《もろきの》の山村を山麓にもつ三郎ヶ岳は、山頂直下の岩壁に磨崖仏が残り、展望のよい山でもある。

奈良交通バスを**高井《たかい》バス停**で下車。十字路の古い石標を左折、頭《とう》矢《や》橋を渡って右折する。古い家並みの川沿いの道を行けば、やがて田園風景が広がり、仏隆寺下のあずまやに着く。

石段を登り、千年桜の下を通って**仏隆寺**を訪れたらあずまやへ戻り、農道を直進する。道なりに広《こう》船《せん》寺下の小橋を渡り、集落の最初の辻を右折して林道を上がる。右に池、左にログハウスを見送れば**小《こ》峠**に着く。

峠の左にある道標から登山道へ入る。墓地の横を通って急坂を登る。やがてクサリのある露岩をすぎれば傾斜も緩み、祠が残る高城《たかき》

■鉄道・バス
往路・復路＝近鉄大阪線榛原駅から奈良交通バス13分で高井バス停下車。

■マイカー
大阪方面からは西名阪道柏原ICで降り、中和幹線道路、国道165号、国道369号などで高井バス停まで行き、左折。頭矢橋を渡って仏隆寺へ。駐車場は数台のスペース。桜の時期は早朝から満車になる。

■登山適期
通年登られている。ただし、積雪のある場合は軽アイゼン必携。サクラ、菜の花、ショウジョウバカマは4月中旬、ヤマツツジ、イワカガミは4月下旬、紅葉は10月下旬〜11月下旬。

■アドバイス
▽危険箇所はないが、雨天や積雪の場合、クサリ場はすべりやすくなる。
▽榛原駅から高井へのバスは平日が1日5便（復路4便）、土日祝は1日4便（復路3便）。利用の際は事前にダイヤを確認のこと。
▽近鉄榛原駅近くに日帰り温泉の美榛苑（☎0745・82・1126）があり、駅から送迎バスもある。

■問合せ先
宇陀市役所観光課☎0745・82・2457、奈良交通バス榛原営業所☎0745・82・2201

■2万5000分ノ1地形図
大和大野・初瀬・高見山

山《やま》へ着く。頂の休憩小屋から振り返れば、音羽《おとわ》三山や額井岳《ぬかいだけ》、貝《かい》ヶ平山《ひらやま》が望まれる。

高城山からは、雑木林の尾根を北東へ下り、分岐を右にとる。小さな起伏をすぎると露岩の尾根となる。足もとに注意して踏み越えると鞍部に出る。ここから植林境界の急坂を登り返せば**三郎ヶ岳**の頂だ。360度さえぎるもののない大展望で、東に曽爾《そに》高原、南に大峰《おおみね》山脈、西に音羽三山が眺められる。

展望に満足したら山頂を辞し、クサリが設置された急坂を東へ下る。距離は短いが、雨天、積雪期には充分注意したいところだ。

クサリが途切れると道は傾斜を緩め、左に磨崖仏群を見て血原への分岐に着く。分岐の鞍部には古い建物が残り、右へ50㍍ほどの場所に明開寺《みょうかいじ》奥ノ院がある。

鞍部から南へ、植林の中を下れば伊勢本街道に合する。右折して伊勢本街道を**諸木野**の集落に入る。集落の最初の分岐を右へ登れば、**小峠**を経て**高井バス停**へ戻る。

CHECK POINT

1 サクラの季節なら、千年桜が咲く石段を登って仏隆寺を訪ねてみたい

2 古い石灯籠が残る露岩の急坂を登った高城山には休憩小屋がある

3 登り着いた高城山の西端から振り返ると、音羽三山がよく見える

4 高城山からはカラト峠への分岐を左にして、露岩のコブを踏み越えていく

5 鞍部から植林の急坂を登りきると三郎ヶ岳の頂だ

6 三郎ヶ岳山頂からは、遠くは大峰山脈、近くは曽爾、音羽の山々が望まれる

7 山頂からクサリの急坂を伝い下ると、左の岩壁に摩崖仏を見る

8 奥の院、諸木野、血原方面の分岐になっている鞍部の廃屋前を下って伊勢本街道へ合する

33 霧氷登山で親しまれる三峰山系の最高峰

三峰山
みうねやま
1235m

日帰り

歩行時間=4時間55分
歩行距離=10・5km

技術度
体力度

コース定数	=20
標高差	=677m
累積標高差	上り 784m
	下り 784m

三峰山は三峰山系の中心に位置する最高峰であるが、その山容はのっぺりと穏やかで、いかにも里山といった雰囲気をもち、季節を問わず、多くのハイカーが訪れる。

敷津《しきつ》バス停から国道369号を南進、佐田《さた》峠を越えて神末《こうずえ》川沿いに進んだみつえ青少年旅行村が登山口だ。厳冬期には近鉄榛原《はいばら》駅からみつえ青少年旅行村まで臨時霧氷バスが運行する。この期間を利用して訪れるのもいいだろう。

山頂付近の晴れ間、霧氷が青空に映える

みつえ青少年旅行村から神末川沿いに林道を上流へ向かう。右岸を歩くようになり、**林道終点**のゲートがある堰堤下に着く。造林小屋を左に見て林道を離れ、新道コース登山道へ入る。ジグザグの急な階段状の道がしばらく続く。

道が平坦になると神末川源流で、山側に自然林が残り、シカ除けネットに沿って歩くようになる。このネットをくぐって、水場を左に見送れば新道《しんどう》峠に着く。

左へ県境尾根をたどれば、ヒメシャラ、イタヤカエデ、ミズナラ、ブナなどの広葉樹林が続き、登り尾根のピークに立つ。続いて左から登山道が合流すると**三畝《みうね》峠**だ。大日如来石仏を左に見送り、10分も歩けば**三峰山**に到着する。北側に視界が開け、倶留尊山《くろそやま》をはじめ、

■鉄道・バス
往路=近鉄名張駅から三重交通バス54分で敷津バス停下車。みつえ青年旅行村へは徒歩1時間20分。
復路=往路を逆に行く。
注:霧氷のシーズン(1月中旬〜2月中旬の週末・祝日)は近鉄榛原駅からみつえ青年旅行村まで往路1便、復路2便の直通バス(奈良交通バス・要予約)が運行されている。

■マイカー
大阪方面からは南阪奈道路、国道165号、国道369号などで曽爾の掛を経由してみつえ青少年旅行村駐車場へ。

■登山適期
通年登られている。積雪期は軽アイゼンが必携。シロヤシオは5月中旬〜下旬、紅葉は10月下旬〜11月下旬。

■アドバイス
▽コース中に危険箇所はない。
▽大阪・奈良方面から公共交通機関の利用は難しい。マイカー利用が現実的。

■問合せ先
御杖村役場☎0745・95・2001、三重交通バス☎0595・66・3715、奈良交通バス☎0742・22・5110、御杖ふれあいバス☎0745・95・2001(御杖村役場)

■2万5000分ノ1地形図
菅野

曽爾《そに》の山々が一望できる。

頂からは南側の八丁平《はっちょうだいら》へ立ち寄り、シロヤシオ古木の群生地を訪れたあとで**三畝峠**へ戻ろう。峠からは北へ下り、**避難小屋**から左の登《のぼ》り尾《お》コースに入る。スギやヒノキの人工林の間を縫って下れば、2階建ての展望小屋を経て、NTTアンテナと休憩小屋が建つ**林道十字路**に着く。

十字路を直進し、山道へ入り、いっきに下って小橋を渡れば、不動滝に通じる大《おお》タイ林道に出合う。林道を左へ行き、村道に突き当って、左に少し登れば**青少年旅行村**に帰り着く。

登り尾コース途中にある石仏

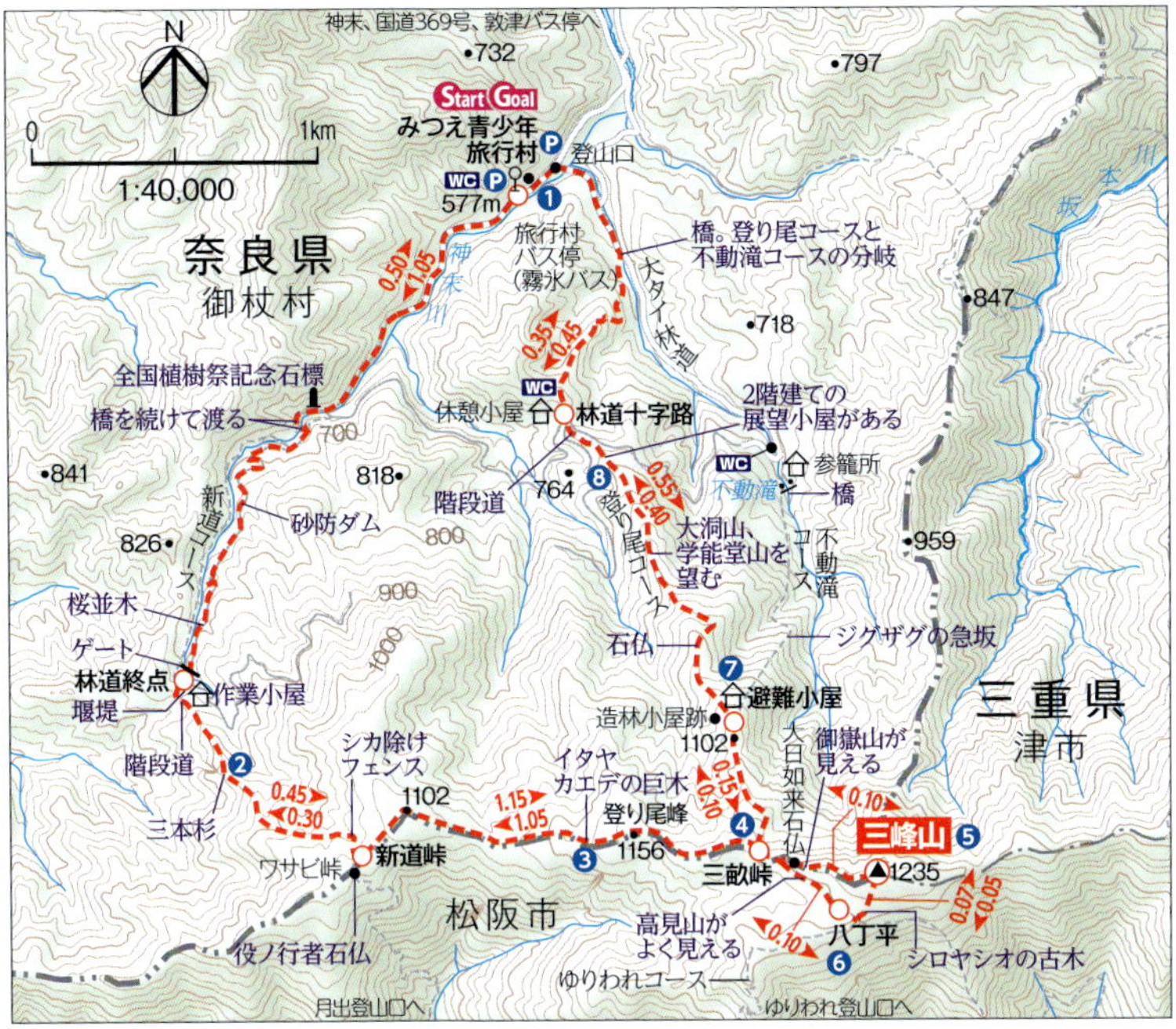

CHECK POINT

みつえ青少年旅行村には無料駐車場と霧氷シーズンの臨時バス停があり、休日には物産店も営業する

急なジグザグ道を三本杉まで来ると傾斜も緩み、御杖方面の山も見える

イタヤカエデの巨木も残る広くて緩やかな起伏の県境尾根を登り尾峰へ

三畝峠の大日如来石仏からは雑木林の尾根道をまっすぐ三峰山へ向かう

北東に開けた三峰山の山頂広場。一角にある展望図で山座同定も楽しい

山頂から西へ雑木林の中を下っていけば、八丁平のシロヤシオ古木も霧氷になっている

不動滝と登り尾峰の分岐にある避難小屋は、シーズン中の休日は入れないこともあるほどにぎわうことも

展望小屋に着けばすぐ下の避難小屋前の十字路を直進し、下山路に入る

34

台高山脈北端の名峰高見山を歩く

高見山

たかみやま
1248m

日帰り

歩行時間＝4時間15分
歩行距離＝8.0km

技術度
体力度

コース定数	＝**19**
標高差	＝788m
累積標高差	↗ 889m ↘ 875m

木津峠付近から眺める高見山

台高《だいこう》山脈の北端に位置する高見山は、奈良・三重県境に天を突く端麗な容姿をみせる名山である。

この山へは臨時霧氷バスを利用しての登山が便利である。

杉谷《すぎたに》の**高見登山口バス停**から西へ20メートルほどの橋の袂、右側にある民家の前の道標から石段を登る。山ノ神の祠を見送り、撞木松《しゅもくまつ》をすぎ、しばらく登ると尾根に出て視界が開ける。やがて古市跡を経て「虱《しらみ》とり」とよばれる場所を通り、雲母曲《きららひじ》の急坂を登る。さらに杉林を登り抜ければ、石地蔵がある**小《こ》峠**に着く。

右折して林道ゲートまで行き、道標から左上の登山道を高見峠（大峠）へ向かう。山腹の道を東に進むと**高見峠**からの階段道に出合う。右下に駐車場を見て、左の林の中に続く急坂を登る。灌木帯から草原の休憩地に出ると展望が開け、台高の山々が望まれる。再び灌木帯をつづら折りに登り、ヒメシャラやブナなどの樹林帯を抜ける

山頂付近から大峰山脈を望む

■鉄道・バス

往路＝平日は東吉野村役場、土日祝（要予約）は菟田野から東吉野村バス「ふるさと号」で高見登山口へ。

復路＝たかすみの里から東吉野村バス「ふるさと号」で平日は東吉野村役場、土日祝（要予約）は菟田野へ。

東吉野村役場と菟田野へは近鉄榛原駅から奈良交通バスが運行。2月の土日祝には榛原駅～高見登山口間に奈良交通の霧氷バス（要予約）が運行。

■マイカー

大阪方面からは国道165号、中和幹線道路、国道166号などで高見登山口へ。付近に数台の駐車スペース、平野にはたかすみ温泉の駐車場がある。

■登山適期

通年登られている。積雪時は、軽アイゼンは必携。初夏のブナの芽吹きのころも人気。紅葉は10月下旬～11月下旬、霧氷は1月中旬～3月下旬。

■アドバイス

▽危険箇所はないが、冬は霧氷ができるほど風が強く体感温度は低い。防寒装備はしっかり整えたい。

▽マイカー利用の場合、サブコースとして、高見峠（大峠）まで旧バス道を上がれば、登り1時間足らずで山頂に着ける。ただし道路状況を確認のこと。

■問合せ先

東吉野村役場（登山、バスふるさと

と、周囲が開け、右に三峰山《みうねやま》、背後に台高山脈を眺められる。

道に露岩が現れると、まもなく**高見山**山頂だ。高見神社裏に三角点がある。避難小屋展望台に上がって、四方さえぎるものない展望を楽しもう。

下山は、西へ尾根を下って平野を目指す。笛吹岩《ふえふきいわ》、揺岩《ゆるぎいわ》、国見岩《くにみいわ》など、伝説の旧跡をすぎると、**平《ひら》野《の》の分岐**に出る。道標の「右、平野」にしたがって尾根を下れば、作業小屋を左に見て小さな沢を渡る。さらに山腹の小道を下ると、樹齢700年といわれる**高見杉**が現れる。避難小屋もあり、ひと息入れていくのによい。

避難小屋をあとに、鉄製の小橋を2つ渡り返し、小沢を渡ると、なだらかな尾根筋の道に転じる。やがて尾根末端でつづら折りの道を下りきると民家の脇に出る。平野川にかかる朱塗りの丹浦橋《たんのうら》を渡り、突き当たりを右折すれば**たかすみの里バス停**だ。

号）☎0746・42・0441、奈良交通バス☎0745・82・2201（路線バス）、☎0742・22・5110（霧氷バス）、奈良交通タクシー☎0745・82・0155
■2万5000分ノ1地形図
高見山

1 ベンチがある休憩台地からは、行く手に高見山を仰ぎ、背後に雲ヶ瀬山への稜線を望む

2 休憩台地をあとに、広い尾根道になると、登るにしたがって展望が開ける

3 樹林の急坂を登り抜けると明神岳から台高山脈南部の山々まで展望できる

4 神武東征伝説の八咫烏を祀る神社が建つ高見山山頂。冬期は風が強く天候も変わりやすい

5 山頂避難小屋付近には雪庇ができることもあるので、悪天候の際は南側に片寄って歩かないようにしよう

6 山頂から西へ尾根を下り、平野の分岐からは高見杉の避難小屋を目指して下る

35

台高山脈屈指の展望と伝説の山を訪ねて

赤ゾレ山

あかぞれやま

1300m（最高地点＝1441m／水無山）

日帰り

歩行時間＝7時間5分
歩行距離＝17.0km

技術度 ▲▲△△△
体力度 ♥♥♡♡♡

コース定数＝**32**
標高差＝1031m
累積標高差 ↗1288m ↘1288m

赤ゾレ山から薊岳と明神岳への尾根を展望する

台高《だいこう》山脈北部の伊勢辻山《いせつじやま》から明神平《みょうじんだいら》までの縦走路には、台高山脈でも標高の高い山々が連なっている。その中にあって、義経伝説で知られる馬駆《うまか》ケ場《ば》のすぐそばにありながら、訪れるのは一部の好事家だけという、不遇の隠れ名山がある。それが赤ゾレ山である。伝説の池探訪と、山頂からの展望に期待して出かけてみよう。

登山口は大又《おおまた》バス停の500メートルほど手前、**和佐羅滝入口**になる。林道の橋を渡ると道が二分する。又迫《またさこ》谷沿いに直進、水源施設の先で山道になり、2段15メートル滝に着く。まずは、「伊勢辻・国見山」方面の道標にザックを置いて**和佐羅滝**を往復していこう。

道標に戻ったら樹林の急坂を登り、山腹道に出合う。道はやがて渓流を眺め、いくつもの鉄桟橋を渡って**二俣**に出る。鉄橋を渡って右折、倒壊小屋を見送り、源流部の近くで右岸へ渡り、三度小屋辻《さんどごやつじ》をすぎれば、主稜線の**伊勢辻**に登り着く。すぐに**伊勢辻山**山頂だ。

山頂付近で右の道を選び、鞍部から登り返すと**赤ゾレ山**に着く。南から北西に展望が開け、台高・大峰の峰々のすばらしい展望を楽しむことができる。

下山は、小女郎《こじょろう》クズレの縁を伝って尾根を下り、伝説を残す**硯《すずり》池**畔へ。池の西側から**馬駆ケ場辻**を経て**馬駆ケ場**まで行く。バイケイソウの中をひと登りすれば、岩が転がる**国見山**《くにみやま》山頂だ。

この先、うしろ嵓《ぐら》で大又方面を俯瞰したら、水無山《みずなしやま》へ向かう。イタヤカエデやブナの古木が多い静かな尾根道から、露岩のコブをひとつ越えると水無山に着く。再び露岩の道を行き、**明神平**《みょうじんだいら》のあずまやの前で主稜線から離れ、水場へ下っていく。

自然林の中、大きく折り返す道をたどれば、明神谷上部のフィックスロープを張りめぐらせた丸木橋を渡って**明神滝**下へ着く。みかみ山荘跡とあしび山荘跡付近でハシゴ、ロープに沿って明神谷を渡り返せば林道に出合う。やがて**横倉《よこくら》谷出合**の広場に着く。あとは、旧林道終点のゲートを通って、駐車場を経て一本道の林道を大又へ向かうだけである。

■鉄道・バス
往路・復路＝大又へは菟田野や東吉野村役場から東吉野村バス「ふるさと号」が運行している。

■マイカー
名阪国道針ICから国道166号か169号で東吉野村へ。県道大又小川線で和佐羅滝登山口の反対側、橋を渡った林道終点へ。薊岳登山口に数台の駐車スペースがある。

■登山適期
3月下旬～12月上旬。稜線のブナやヒメシャラが芽吹き、馬駆ケ場辻のサツキ、稜線レンゲツツジが咲く5月中旬～6月上旬がベスト。

■アドバイス
▽明神平の天理大WV小屋、あしび山荘はともに非公開。
▽水場は天理大WV小屋を東へ数分下った小沢。
▽帰路に東吉野村大豆生にある村営の施設、ふるさと村に併設されたやはた温泉（☎0746・43・0333）で汗を流していくとよい。

■問合せ先
東吉野村役場（登山、バスふるさと号）☎0746・42・0441

■2万5000分ノ1地形図
大豆生

神秘的な硯池(別称、赤ゾレ池、ハート池とも)の畔

CHECK POINT

和佐羅滝落差30メートルへは道標の先、15メートル斜瀑の右から巻いて登り、滝下へ行く

伊勢辻山の山頂部からは東へ向かい、踏跡を右に選んで、鞍部からまっすぐ赤ゾレ山へ登り返す

映り込みが美しい硯池は、ネットで「ハート池」「赤ゾレ池」などと称され、若いハイカーに人気がある

稜線から少し東へはずれた広い草原状の馬駆ヶ場からは、水無山や国見山が望まれる

岩が転がる国見山の頂は周囲の樹林の成長で展望は得られない

国見山から南へ下った縦走路から少し西に入ったところにあるうしろ嵓から木ノ実ヤ塚方面を眺める

うしろ嵓からの稜線は雑木林となり、露岩や転石を踏み越えて水無山へ向かう

広々とした明神平は幕営適地。非公開の山小屋やあずまやもある

36 伝説の池からラクダのコブに似た岩峰の頂へ

薊岳

日帰り

あざみだけ
1406m（最高地点＝1432m／明神岳）

歩行時間＝6時間15分
歩行距離＝16・0km

技術度 ■■□□□
体力度 ■■□□□

コース定数＝29
標高差＝1022m
累積標高差 ↗1264m ↘1264m

↑石ヤ平へ来ると目指す薊岳が姿を現す

→前山からのびやかな明神平を眺める

台高《だいこう》山脈主稜線から西に派生する尾根には、概して険しい岩稜をもつ山が並んでいる。明神岳《みょうじんだけ》の南西支尾根にある薊岳もそのひとつで、山頂部がラクダのコブのような岩稜になっていて、展望がよい。

大又《おおまた》バス停前、**笹野神社**《ささの》の右側から樹林の中を登る。10分足らずで林道終点（マイカーの場合ここへ置ける）となり、うっそうとした人工林の中へ入る。地道の林道が山道に変わると、つづら折りの急坂になる。巨岩がある**古池辻**《ふるいけつじ》からの登りは、いっそう勾配を強くし、雲《くも》の平《たいら》とよばれる平坦地を経て**大鏡池**《おおかがみ》に着く。池の先、分岐の右の尾根上が大鏡山である。

ここからは稜線歩きとなる。ササを敷きつめた自然林に変わり、眺める景色が新鮮に思える。薊岳を眺める石ヤ平《いしだいら》から岩尾根をすぎると、尾根幅が狭くなって、小さなギャップを右から巻く。続く岩尾根も右から巻いて登ると薊岳雌岳山頂だ。シャクナゲが茂るやせ尾根を行くと、枯木が立つ岩頭の**薊岳**雄岳頂上に着く。台高山脈や大和国中の展望が広がる。

山頂から東に向かうと、ブナやリョウブ、カツラ、オオバモミジなど、緑一色の稜線漫歩が前山まで続く。明神平を見下ろすササ原の**前山**からは、明神岳、桧塚奥《ひのきづかおく》峰《みね》、水無山《みずなしやま》、国見山《くにみやま》の眺めがすばらしい。

三《み》つ塚《つか》から**明神岳**を往復。**明神平**でひと休みしたら下山を開始しよう。あずまやから水場を経て、小沢を2つ渡り、ブナやヒメシャラの美林のジグザグ道を下って、休憩ベンチ手前から左へ、ロープの急坂を下りて木橋を渡る。明神

■鉄道・バス
往路・復路＝大又バス停へは92ページ㉟赤ゾレ山参照。

■マイカー
名阪国道針ICから国道169号で東吉野村へ。県道大又小川線で、和佐羅滝登山口の反対側、橋を渡った林道終点へ。薊岳登山口に数台の駐車スペースがある。

■登山適期
3月下旬〜12月上旬。稜線のブナやヒメシャラが芽吹き、レンゲツツジが咲く5中旬〜6月上旬がベスト。

■アドバイス
▽笹野神社から明神平まで水場はない。夏場は最低1・5リットル以上の飲料水の携行が望ましい。
▽薊岳への登りは、やせ尾根と岩稜になる。ブッシュで高度感を隠すが、危険箇所もあり、慎重に行動したい。
▽帰路に東吉野村大豆生にある村営の施設、ふるさと村に併設されたやはた温泉（☎0746・43・0333）で汗を流していくとよい。

■問合せ先
東吉野村役場（登山、バスふるさと号）☎0746・42・0441

■2万5000分ノ1地形図
大豆生

薊岳から大峰山脈を望む

滝を左に見送って、すべりやすい岩塊の徒渉をすぎればキワダサコ出合である。

ここから右岸の道を旧馬酔木山荘跡へ出て、ハシゴを下り、左岸から右岸へロープを伝い、鉄橋を渡ると**横倉《よこくら》谷出合**に着く。ここからは林道となり、駐車場、七滝八壷を通って大又へ戻る。

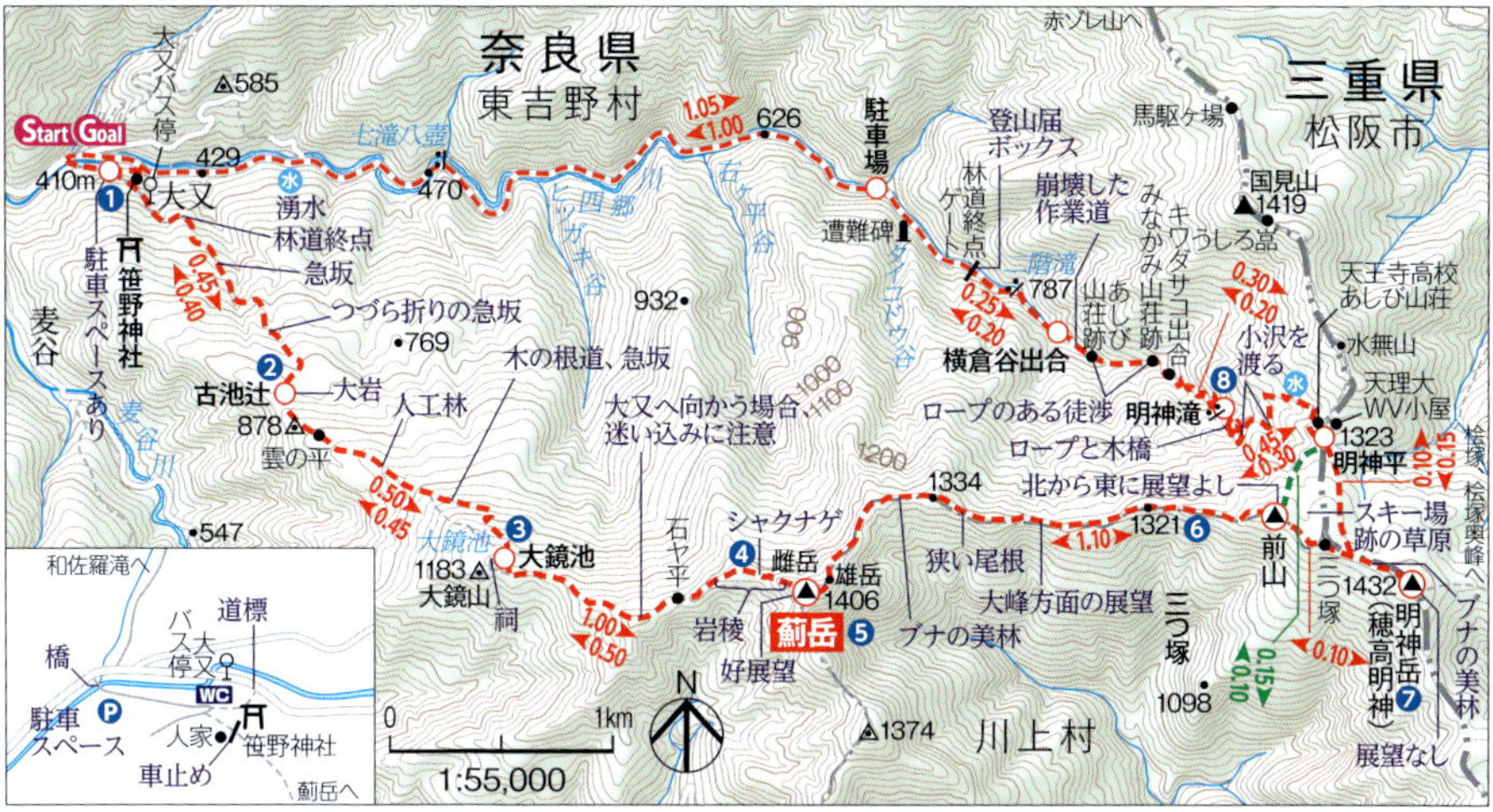

CHECK POINT

笹野神社登山口は鳥居を正面に見て右側の石柵に沿って進めば、森の中を抜けて人家下の林道に出る

古池辻の岩塊を左に見て、転石の多い歩きにくい道を行き、樹林帯の山道へ入る

大鏡池は登山道を西へ少し入ったところにある伝説の池で、今も祠がある

薊岳の岩稜を登るとやせ尾根に出る。からむ木の根に注意して、シャクナゲが茂る雌岳山頂へ

薊岳の頂は狭い岩頭になっているが、展望は360度さえぎるものはない

ブナやリョウブ、ヒメシャラの美林が続く稜線は、アップダウンを繰り返し、二重山稜を経て前山へ続く

好展望の前山から三ツ塚を経て、ブナの美林に包まれた明神岳の頂を往復する

明神平から西の山腹を下れば、自然林の道はつづら折りに高度を下げ、明神滝を眺め下る

薊岳方面から赤倉山（赤嵓山）西尾根全体像

37 支脈をたどり、台高山脈主稜線の山へ
赤倉山（コクマタ山）

あかくらやま 1394m

日帰り

歩行時間＝5時間45分
歩行距離＝8・5km

技術度 ▲▲▲
体力度 ♥♥

コース定数	＝**24**
標高差	＝739m
累積標高差	↗1071m ↘1071m

白髭岳《しらひげだけ》から東を望むと、台高《だいこう》山脈の主稜線へ続く尾根の先に顕著なピークがある。赤倉山（赤嵓山）別名コクマタ山である。

北股川《きたまたがわ》林道の**檜塚谷《ひのきづかだに》橋**（檜塚谷）が登山口になる。橋の手前、左の木立に山想遊行のペナントとテープが残る道は、すぐに植林の急坂になる。歩きにくい山腹も、しばしのがまん。尾根道になると自然林に変わるが、古い杣道だけに、鉄砲登りが920㍍付近まで続く。

平坦な台地に出たら左の**支尾根**に上がり（**950㍍地点**）、架線場跡まで行く。西に展望が開ける。フェンス右側を進み、二重になったらその中間を行く。やぶと岩塊がじゃまをするが、境界杭を目安に登れば、**1238㍍峰**に立つ。

北股川林道を登山口へ

西に高塚山《たかつかやま》（トベット）、大鯛山《おおたいやま》などを眺め、東へ向かう。

1275㍍峰まで、狭い尾根のアップダウンが続くが、やがて左右に台高主脈の山々を眺めての尾根歩きとなり、巨木の一本木が残

■**鉄道・バス**
近鉄大和上市駅から川上村のコミュニティバスとタクシーを乗り継いで登山口まで行くことはできるが、登山に利用するのは実際的ではない。

■**マイカー**
西名阪道郡山ICまたは南阪和道路から国道169号を大迫ダムへ。筏場経由、北股川林道を檜塚谷橋付近の駐車スペースへ。

■**登山適期**
シャクナゲやミツバツツジが咲く4月下旬～5月上旬と紅葉の10月下旬～12月上旬に訪れる登山者が多い。

■**アドバイス**
▽コース中に水場はない。
▽アップダウンの多いロングコースで、特に危険箇所はないが、赤倉尾根1238㍍峰までと赤倉山へは急登。
▽千里峰からの下山路は枝尾根への迷い込みに注意。
▽公共交通機関利用の場合、前夜泊になり、バス便は1日4～5本（日曜・祝日運休）。

■**問合せ先**
川上村役場（登山、バス）☎0746・52・0111、川上タクシー（上多古）☎0746・54・0141

■**2万5000分ノ1地形図**
大和柏木

る**1221㍍峰**に着く。右下に架線場跡の広い草原を見ると、再び尾根は傾斜を増して、そびえ立つ赤倉山へ向かう。左に草原台地（俗称あかくら高原）を睨み、直登すれば、シャクナゲのやぶを抜け、**赤倉山**に着く。

山頂からは主稜線を南へ向かい、**千里峰**《せんりみね》に立って、三重県の山々、霧降山《きりふりやま》、池木屋山《いけごややま》などの絶景を名残とし、下山の途につく。石灰岩の露出する千里峰北端から植林境界に沿って下り、二重山稜は左の植林境界杭がある尾根を選んで下っていく。

尾根が狭くなり、植林に入る手前に**境界杭のあるコブ**がある。ここで尾根を離れ、右のブナやヒメシャラの急な山腹を下る。右にガラ場がある二次林へ入ったら、右寄りに進み、ゴロベエ谷右股左岸沿いに下って飯場跡広場へ出る。広場を西へ横断、再びゴロベエ谷右股左岸沿いに下れば**北股川林道終点**だ。あとは林道を**檜塚谷橋**へ戻ればよい。

CHECK POINT

登山口からすぐに植林の山腹道になるが、落枝の多い急坂を登っていく

踏跡が乱れる平坦地から下枝の張り出しが多い尾根へ出て、架線場跡から登って来た尾根を見下ろす

1238㍍峰の頂には私設の道標が立っていて、高塚山から白鬚岳へ、緩やかな起伏の尾根が望める

やせた尾根のアップダウンが連続する1275㍍峰付近は美しいブナ林だ

1275㍍峰で現在地を確認したら、明るい緩やかな稜線を、架線が残る一本木へ向かう

ヒメシャラの巨木が倒れている一本木付近。霧降山から池木屋山への主稜線がスカイラインを見せる

千里峰をあとに下山の途に。白い石灰岩の転石が目立つコブから西へ、樹林帯をからみながら下っていく

旧飯場跡の広場から赤倉山西尾根を眺めたら、広場西端へ出て、ゴロベエ谷を右に見て北股川林道を終点へ

38 南朝伝説を秘めた山麓から孤高の尖峰を登る

馬ノ鞍峰

うまのくらみね 1178m

日帰り

歩行時間＝5時間20分
歩行距離＝8・5km

技術度 ■■■□□
体力度 ■■□□□

コース定数＝20
標高差＝678m
累積標高差 ↗787m ↘787m

台高《だいこう》山脈南部、山《やま》ノ神《かみ》ノ頭《あたま》付近から北部へ目をやると、弥《や》次《じ》平《へい》峰《みね》からホウキガ峰への山脈を背景にし、尖峰が遠望される。山懐に南朝伝説を秘めた三《さん》之《の》公《こ》行宮《あんぐう》跡を擁する馬ノ鞍峰である。この孤高の尖鋒を目指そう。

北股《きたまた》林道から舗装整備された**三之公林道終点駐車場**まで行き、明神《みょうじん》谷右岸の散策路へ入る。登山道はよく整備されていて、ルンゼを横切ると、茸股《きのこまた》谷を対岸に見て**明神滝分岐**に着く。

滝を往復したら先へ進み、ベンチがある美しい流れの川原へ出る。沢を離れて急坂を登れば、右に40メートル三段のナメ滝を見て小橋を渡り、カクシ平へ入る。小沢を渡って、小高い丘へ上がると三之公行宮跡の石碑がある。石碑を右にして沢を渡れば、**馬ノ鞍谷とカクシ平谷出合**に着く。左の小道を5分ほどで尊義親王御墓へ行ける。詣でていくのもよいだろう。

出合から馬ノ鞍峰へは、左のカクシ平谷を対岸へ渡り、馬ノ鞍谷右岸を行く。登山道を行けば迷うこともないが、1本目の小沢を横切って、2本目の沢、イリハシ谷左岸の急斜面を登る。岩塊が現れたら右岸へ渡り、春ならバイケイソウの新芽が覆う急斜面をジグザグに登り、**尾根へ上がる**。このあたり、スズタケが枯れ、ずいぶん歩きやすくなっている。

尾根幅が狭くなり、露岩が目立つようになると、周囲にアケボノツツジの古木が多くなる。やがて、シャクナゲが密生するやせ尾根をすぎると尾根は広くなり、傾斜を緩めてヒメシャラとトウヒの美林に入る。ここで左折すると、道は前にも増して傾斜を強め、露岩のやせ尾根となる。わずかの急登を続ければ、三角点標石が埋まる尖峰、**馬ノ鞍峰**山頂だ。台高山脈最重深部の山頂は樹木に囲まれ、展望は得られない。わずかに白鬚岳《しらひげだけ》や弥次平峰の姿を垣間見るだけである。

孤高の尖峰に別れを告げたら、往路を忠実に戻ることにしよう。

アケボノツツジ咲く尾根を登って山頂へ

■**鉄道・バス**
近鉄大和上市駅から川上村のコミュニティバスとタクシーを乗り継いで登山口まで行くことはできるが、登山に利用するのは現実的ではない。

■**マイカー**
西名阪道郡山ICまたは南阪和道路から国道169号を大迫ダムへ。筏場経由、北股川林道を三之公林道終点登山口の駐車場へ。

■**登山適期**
シャクナゲ、アケボノツツジ、ミツバツツジが同時期に開花する4月上旬～5月初旬と紅葉の10月中旬～11月下旬が人気。

■**アドバイス**
▽マイカーは林道終点に10台以上駐車できる。
▽紹介コースは明神滝まで散策路が整備され、ハイキングコースとして紹介されているが、5月中旬～10月上旬までヤマビルが多い。
▽馬ノ鞍峰からの下山時、濃霧の場合など、ヒメシャラの美林で直進しないように注意。

■**問合せ先**
川上村役場（登山、バス）☎0746・52・0111、川上タクシー（上多古）☎0746・54・0141

■**2万5000分ノ1地形図**
大和柏木

明神滝は迫力ある直瀑だ

CHECK POINT

1 三之公林道終点駐車場には山ノ神が祀られている。その右側から河原に下りることもできる

2 三之公林道終点駐車場の対岸には休憩所がある。ただし、あまり使われていないので、老朽化している

3 河原が広がる三之公平に入ったら、小沢を渡って尊義親王の行宮跡を通り馬ノ鞍谷へ

4 時間に余裕があれば、馬ノ鞍谷出合近くの親王の墓を訪れてみるのもいいだろう

5 イリハシ谷の踏跡が右岸から左岸へ移ると、バイケイソウが茂る支尾根への登りがはじまる

6 支尾根へはつづら折りの急坂が続く。悪天候の際はすべりやすくなるので、充分注意したい

7 シャクナゲが茂る1073㍍峰をすぎ、尾根が広くなった鞍部から馬ノ鞍峰への尾根を見る

8 急な露岩のやせ尾根を登りつめた馬ノ鞍峰は狭い山頂だが、三等三角点が置かれている

39

白鬚岳

台高山脈支脈末端の峻峰をラウンド縦走する

日帰り

しらひげだけ
1378m

歩行時間＝6時間35分
歩行距離＝10・5km

技術度 ■■■□□
体力度 ■■□□□

コース定数	＝**28**
標高差	＝868m
累積標高差	↗1203m ↘1203m

台高《だいこう》山脈の赤倉山《あかくらやま》（赤嵓山）から西へのびる長い尾根の末端に位置する白鬚岳は、支脈末端の山とは思えない峻険さをもち、山頂からの展望もよいことから、多くの登山者を魅了する。

↑白鬚岳からアケボノツツジと高尾・三本山尾根

←展望のよい白髯岳の頂には三角点と記念碑が立っている

上多古《こうたこ》バス停の少し先、太平橋を渡り、右折して林道を行く。金剛《こんごう》寺《じ》を右に見送り、東谷《ひがしたに》出合の橋を通り、さらに林道を3～400㍍ほど進んだ神之谷《こうのたに》川を渡った橋のたもとが**登山口**だ。

明瞭な杣道をつづら折りに進むと、左の小沢で道が途絶える。対岸をよく見ると尾根に踏跡が残っている。これをたどって尾根へ上がると、比較的明瞭な杣道が上部へ続き、稜線の**掛小屋跡**へ出る。

樹林は間伐されていて歩きやすいが、眺望はない。**ショウジ山**をすぎ、稜線を東進すると、時折、樹間から小《こ》白髭岳が垣間見える。雑木の下枝が足もとを隠す道をしばらく進むと二重山稜になる。踏跡は左の尾根へ移るが、再び下枝が茂る右の尾根の踏跡へと戻る。

やがて明るい自然林になって、**三角点切原《きりはら》**に着く。人工林から開放されホッとする自然林の頂である。このピークをあとにすると、

■**鉄道・バス**　近鉄大和上市駅から川上村のコミュニティバスを上多古バス停まで利用し、登山口へ行くこともできるが、実際はマイカー登山者がほとんど。

■**マイカー**　大阪方面からは南阪奈道路を橿原で降り、国道169号を大淀町経由で南下、上多古バス停のすぐ先、吉野川にかかる太平橋を渡り、右折して林道に入り、10分ほどで東谷出合に着く。

■**登山適期**　アケボノツツジやヤマシャクヤクが咲く4月上旬から紅葉が終わる11月下旬まで。

■**アドバイス**　▽コース中の水場は下山路の岩清水だけ。

▽アップダウンの多いロングコース。特に白鬚岳からの下山路は、よく整備されているが、落石も多いので注意したい。

▽下山路として神之谷コースも選べるが、石灰岩の露出したトグラの下りや神之谷集落への木の根道はすべりやすいので注意したい。

■**問合せ先**　川上村役場（登山、バス）☎0746・52・0111、川上タクシー☎0746・54・0141

■**2万5000分ノ1地形図**　大和柏木

狭い尾根が柏原辻《かしはらつじ》を経て白髭岳まで続き、気が抜けない。**1168㍍峰**、**1222㍍峰**の2つのピークを踏み越え、急坂を登り返せば大鯛山《おおたいやま》分岐に着く。ここを左に進み、中奥《なかおく》コースを右から迎えるとようやく**白鬚岳**山頂だ。今西錦司氏の登頂記念碑があり、北から西に展望が得られる。

下山は、西に張り出す尾根上を行く。岩稜や、やせ尾根が随所に現れる急坂だ。慎重に下っていこう。アップダウンを繰り返し、**小白鬚岳**のピークを踏み越え、露岩の道を**神之谷分岐**まで下る。分岐を左にとれば、途中の**岩清水**を経て、ゴーロ沢から浄水場跡へ下る。沢を2度渡り返し、**林道終点**へ出たら**東谷出合**を経て、**登山口**まで戻る。

CHECK POINT

1 稜線の掛小屋跡を先へ進んだ777㍍付近からは樹林中の狭い尾根を行く

2 山仕事が進められている二重山稜の左側を通り、再び右のやぶ尾根へ入る

3 二重山稜からのやぶ尾根を抜け出ると、三角点切原へ新緑の尾根を登る

4 狭くて急なアップダウンを経て、柏原辻から1168㍍峰へ疎林の急坂を登る

5 1222㍍峰を越えると、尾根はツツジに覆われるが、急坂が大鯛山の分岐まで続く

6 広くて平坦になった尾根はシャクナゲが茂る中、中奥方面からの登山道を迎えると、白鬚岳山頂に登り着く

7 落石が多い急坂をロープ伝いに下り、鞍部から4峰へ登り返して白鬚岳を振り返る

8 小白鬚から鞍部への下りはやぶが高度感を隠すが、下は深い谷になっている。滑落要注意だ

40 白屋岳

義経伝説に由来する山名をもつ湖畔の名峰

しらやだけ 1177m

日帰り

歩行時間＝4時間35分
歩行距離＝7.5km

技術度 体力度

コース定数	＝21
標高差	＝857m
累積標高差	↗1010m ↘1010m

大平から大峰山脈を望む

川上《かわかみ》中学の対岸、ダム湖のおおたき龍神《りゅうじん》湖（大滝《おおたき》ダム）の向こうに堂々たる山容を見せるのが白屋岳である。山名の由来は、義経が八幡神社に白羽の矢を供えたことから、白矢が白屋となったという。その白屋岳を訪れてみよう。

白屋バス停横の白屋橋を渡り、獣避扉を通って**白屋展望台**まで行く。展望広場の東端から階段を上がり、ススキが茂る最奥の民家跡からフェンスの扉を通って右の神社跡裏側から川上中学コースへ入る。標識、テープを拾いながら登っていく。落葉や落枝、獣道と錯綜する場所もあるので、踏跡を確認すること。かなりの急登が続くうっそうとした樹林の中、右へ右へと急登と斜上を繰り返す。

やがて右の谷間に**滝を垣間見る**と、左へ斜上して、「白屋岳1・4キロ、白屋林道1・4キロ」の標識があり、**川上中学コース分岐**の南西直登尾根に出る。ここからはよく踏まれた登山道となり、10分ほどで大峰《おおみね》山脈や台高《だいこう》山脈を見わたせ

↑展望台公園からダム湖を眺める

←コアジサイの群落

■鉄道・バス
往路・復路＝近鉄大和上市駅から川上村やまぶきバス、国道169号ゆうゆうバスで白屋バス停下車。

■マイカー
大阪方面から南阪奈道を橿原市で降りて国道169号を大淀で左折、杉の湯を経由して、白屋橋を渡り、白屋展望台駐車場へ。

■登山適期
シャクナゲ、ツツジが咲く4月下旬からコアジサイの7月中旬と11月上旬の紅葉の時期がおすすめ。

■アドバイス
▽杉乃湯から白屋バス停まで歩けば10分。国道169号は白屋バス停まで歩道が設置されている。
▽川上中学コースの登山口に道標はなく、ススキと雑草でわかりにくい。落葉・落枝が多い上、獣道と錯綜するので、道標の見逃しに注意。GPSもしくは地形図と磁石必携。
▽林道への道標からまっすぐ南西尾根を下り、水源施設横から林道へ下りる道は踏跡程度のため、悪天候の利用は避けたい。

■問合せ先
川上村役場（登山、バス）☎0746・52・0111、川上タクシー☎0746・54・0141

■2万5000分ノ1地形図
新子・洞川

る大平《おおだいら》に着く。大平からは998㍍峰の露岩を踏み越え、雑木林の中を行けばほどなく白屋岳の頂である。コアジサイの花期なら、東の鞍部を経て、足《あし》ノ郷越《ごうごえ》を往復するのもよい。

白屋岳からの下山路は、往路を白屋林道を示す標識がある**川上中学コース分岐**まで戻る。道標にしたがって、右へ大きく山腹を横切り、西尾根へ出て下っていこう。

機材小屋のある**白屋辻**に着いたら、左折してどんどん下っていけば、右下に林道終点が見えてくる。この林道終点へ下りてもよいが、荒れて歩きにくいため、そのまま登山道を白屋林道登山口まで行こう。道標がある小さなハシゴを下り、**不動明王**を左に見て林道を下れば、往路の獣除け扉を通って**白屋バス停**へ。

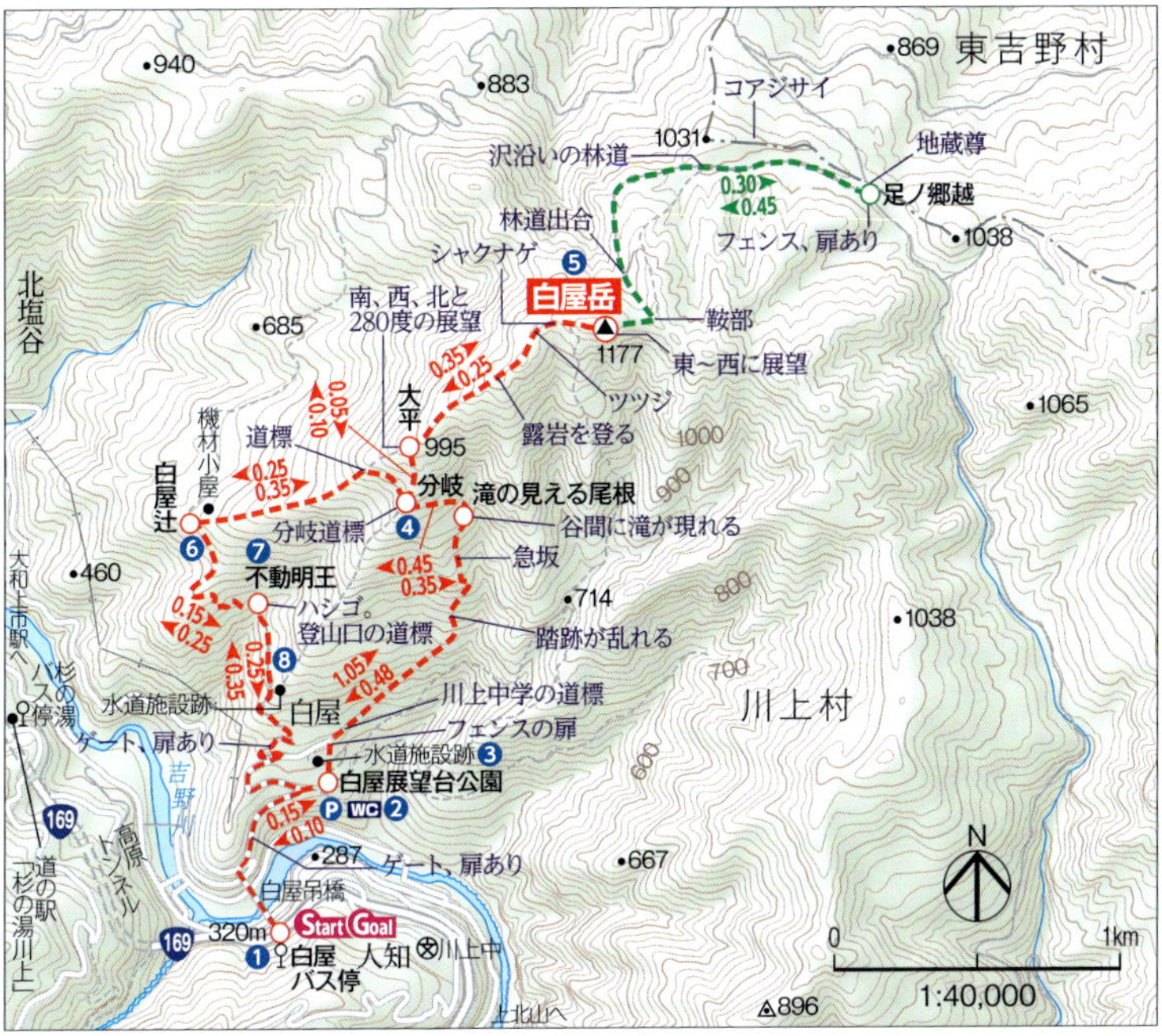

CHECK POINT

1 白屋バス停の横から白尾吊橋を渡り、ゲートを通ってあずまやとトイレがある展望台公園駐車場へ

2 駐車場、トイレ、あずまやがある展望台公園からは東側の北端から狭い階段道を突き当たりの民家まで登る

3 フェンス扉を入って水道施設跡の下を右へ行けば、杉の木に墨書きで標示がある

4 川上中学登山コースと林道コース出合は南西直登尾根にあり、この先はよく踏まれた登山道だ

5 白屋岳山頂は南西に展望が得られ、脚下に白屋のダム湖を見下ろせる

6 作業小屋がある白屋辻に出たら、古い林道跡を左へ進み、林道終点を右下にして登山口まで行く

7 登山口から左へ林道を20㍍ほども行くと、移住した白屋の人びとに今も信仰される不動明王がある

8 不動明王からは、利用する人も少なくなった林道を下ってゲートを2つ通り、白屋バス停へ出る

コブシ峰から大台ヶ原へと続く山々を振り返る

41

堂倉山・コブシ峰

尾鷲道の展望台、コブシ峰を訪ねる

どうくらやま　1470m
こぶしみね　1411m

日帰り

歩行時間＝3時間55分
歩行距離＝14・0km

技術度
体力度

コース定数＝20
標高差＝−274m
累積標高差　↗804m　↘804m

台高《だいこう》山脈の南端近くに位置するコブシ峰は、山脈屈指の展望を誇り、かつては大台《おおだい》ヶ原《はら》から尾鷲《おわせ》への縦走コースとして多くの登山者が憧れた尾鷲道の盟主である。

大台ヶ原駐車場から中道を選び、直接**尾鷲辻**のあずまやまで行く。あずまや左側の踏跡へ一歩入れば、東大台ヶ原遊歩道のにぎわいがうそのような静寂に包まれる。ミヤコザサが茂り、周囲がトウヒの明るい森となっている古い木馬道の跡を緩やかに下っていけば涸れ沢の縁に出る。

沢の手前を上方に行くと、ケモノ道と錯綜する部分もあるが、左からの緩やかな主稜線へ出る。県境となる稜線沿いをそのまま東へ進めば、岩塊混じる**堂倉山**山頂だ。

山頂から南へ5分ほど行けば、右の木立にテープが残り、踏跡がある。ここから広い疎林の斜面を県境杭に沿って下ると、古い木馬道の跡が残る白サコに下り着く。

この先、シャクナゲの群落が点在する明るいブナ林の尾根が続き、やがて東側に伊勢の山並みが望まれると、1362《メートル》峰の広い鞍部へ出る。アリノキ嶺付近の前後2ヶ所に山ヌケがあるが、稜線へ出て、そのまま境界杭を拾い進めば、竜口《りゅうご》尾根や大蛇嵓《だいじゃぐら》の懸崖が見えてくる。正面の地倉山《ちくらやま》へは密生したシャクナゲやツツジの灌木帯を登る。

地倉山から左折するとすぐに展望が開け、雷《かみなり》峠に着く。さらに稜線漫歩を楽しんでいけば、待望の**コブシ峰**に立つ。東《ひがし》ノ川を眼下に、竜口尾根や大峰《おおみね》山脈が正面に

■鉄道・バス
往路・復路＝大台ヶ原へは近鉄大和八木駅から奈良交通バスがあるが、日帰り登山には利用できない。

■マイカー
京阪神方面からは南阪和道または京奈和自動車道経由で大和上市から国道169号を伯母峰トンネル前で右折、大台ヶ原ドライブウェイを大台ヶ原駐車場へ。

■登山適期
バスが運行する4月中旬～11月下旬。アケボノツツジ、シロヤシオは5月中旬、紅葉は10月上旬が見ごろ。

■アドバイス
▽コース中に水場はない。
▽最近、私設の山名板・道標が立てられているが、GPSや地図、磁石は必携。
▽尾鷲へ縦走する場合、大台ヶ原の宿泊施設に前夜泊して、早朝に出発が望ましい。途中、水場は新木組峠の先に神明水があるのみで、秋は涸れているケースが多い。

■問合せ先
上北山村役場☎07468・2・0001、奈良交通☎0742・20・3100、奈良近鉄タクシー☎0746・32・2961、心・湯治館（旧大台荘）☎07468・2・0120

■2万5000分ノ1地形図
大台ヶ原山・河合

CHECK POINT

1
尾鷲辻から出発。一歩木馬道跡へ踏みこむと自分と向きあう静寂の世界だ

2
堂倉山から白サコへ下り、右へシャクナゲ林の道を選び、次の分岐を左の尾根へ入る

3
1362メートル峰への登りは倒木と転石の多い登りだが、背後に大蛇嵓、正面に地倉山、アリノキ嶺を眺める

4
コブシ峰へ最後の登りは、展望を思いのままにするすばらしい稜線歩きが楽しめる

5
晴れた日には360度さえぎるものない広々としたコブシ峰は憩うによいところ

東ノ川を眼下にして180度の展望が広がるコブシ峰

展開し、目を転じれば尾鷲の海が銀波の輝きをみせる。まさに絶景といってよいだろう。

コブシ峰からの帰路は往路をたどる。白サコからの木馬道跡は雑木が道を覆い、歩きにくい。ここは忠実に**堂倉山**を越えて**大台ヶ原駐車場**へ戻る方がいい。

42

日帰り

東ノ川をはさんで大台ヶ原を展望する竜口尾根の山々

又剣山・笙ノ峰

またつるぎやま 1377m
しょうのみね 1317m

歩行時間＝6時間15分
歩行距離＝12・0km

技術度
体力度

コース定数＝24
標高差＝242m
累積標高差 ↗811m ↘1436m

大台ヶ原から眺める又剣山と荒谷山

大台《おおだい》ヶ原《はら》の西に東《ひがし》ノ川をはさんで峰を連ねる鋸歯状尾根がある。竜《りゅう》口《ご》尾根である。その尾根にひときわどっしりと存在感を示すのが又剣山であり、笙ノ峰だ。2山を縦走するコースを紹介しよう。

上北山《かみきたやま》村河合《かわい》からサンキリ峠を経由して林道橡谷《とちたに》西ノ谷線を**又剣山登山口**まで行く。道標のある側壁から登山道を登れば尾根の鞍部へ出る。鞍部から右へ尾根をたどると西に展望が開け、やがて大峰《おおみね》山脈や大台ヶ原が見わたせる**又剣山**に着く。さえぎるもののない展望を存分に楽しもう。

東西に細長い山頂東側から北へ下って、小さなコブを2つ越えると、右に小さな**丸塚山**《まるづかやま》がある。続いて、1206メートル鞍部を越えていくと、ブナ林に覆われた**五郎兵衛**《ごろべえ》**平**《だいら》。広い尾根を北へ進み、鞍部へ出て、緩やかに斜面を登れば、目指す笙ノ峰への尾根や大峰山脈を望む**1320メートルの無名峰**だ。

展望の峰をあとにすると、一転して露岩の多いやせ尾根を急下降し、右側が障壁になっている小キレットに下る。キレットから落石に注意しながらロープが残る急坂を登りきれば、標高1360メートルの架線場跡だ。

アセビが生える架線場跡からは穏やかな尾根をやや左寄りに進み、木和田・逆峠の分岐へ下る尾根を離れ、進路を西寄りに選ぶ。崩壊跡を左に見て下れば**好展望の鞍部**に下り立つ。踏み越えてきた竜口尾根の山々を眺めながら、シロヤシオの古木が点在する尾根をたどる。

■鉄道・バス
近鉄大和上市駅からコミュニティバスとタクシーで登山口まで行けるが、マイカー利用者がほとんど。

■マイカー
大阪方面からは阪神高速から南阪奈道路を橿原市へ。国道169号を大淀経由で南下、上北山村小橡交差点から200メートルの橋を渡り、サンキリ林道からサンキリ峠を経て、又剣山登山口へ。

■登山適期
残雪が消える4月上旬～紅葉の終る11月下旬。芽吹きの5月上旬、新緑の6月中旬、紅葉の10月がおすすめ。

■アドバイス
▽五兵衛平の先、1320メートル無名峰からは道標やテープなどは皆無。悪天候の場合、迷いやすいので注意。地図・磁石、GPSは必携。
▽マイカー利用の場合、河合の福嶋モータース（☎07468・2・0039）に頼めば小処温泉跡まで回送してもらえる。
▽下山後の温泉は上北山温泉薬師湯の利用もよいだろう。

■問合せ先
上北山村役場☎07468・2・0001、奈良交通☎0742・20・3100、奈良近鉄タクシー☎0746・32・2961

■2万5000分ノ1地形図
河合

無名峰を2つ越えると、針葉樹の巨木が立つ**1340㍍峰**に着く。ここで進路を右の尾根にとり、鞍部へ下って、ヒメシャラの二次林を登り返せば**笹ノ峰**の頂だ。樹林に囲まれて展望はよくない。山名板と三角点が残る山頂を辞したら尾根を西へ下る。ロープがある山ヌケ跡の迂回路に出合ったら、**小処登山道**となって**林道終点**へ。あとは林道を下って**小処温泉**を目指す。

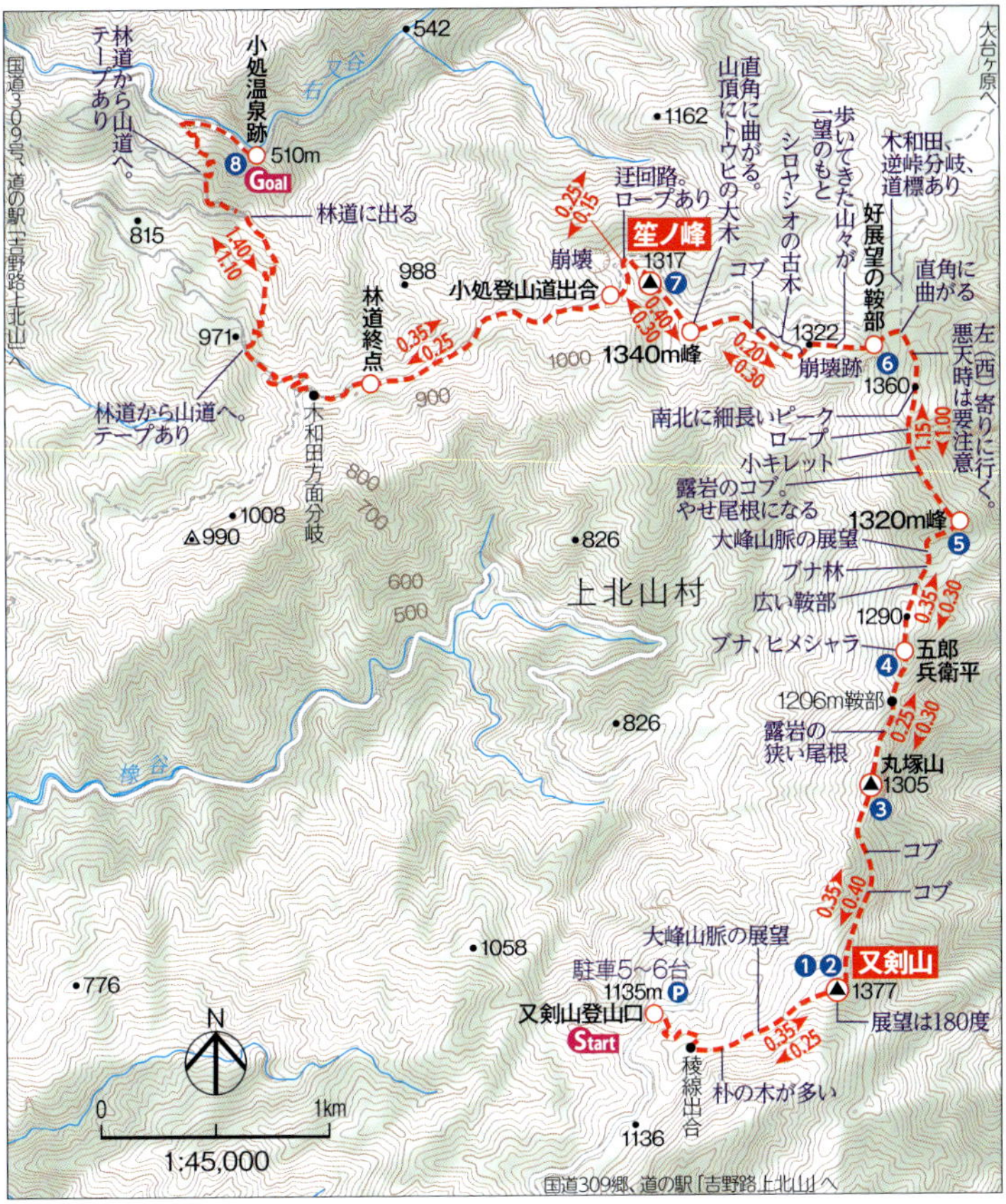

CHECK POINT

1 展望に優れた又剣山の山頂は東西に細長く、東端に南北へ続く踏跡がある

2 又剣山から大台ヶ原山を望むと、東ノ川をはさみ、大蛇嵓や中ノ滝など、絶景がパノラマ展開する

3 登山道のすぐ横にある丸塚山の頂を右に見送ると露岩の狭い尾根になる

4 天気がよければ、大峰山脈を一望できる五郎兵衛平付近から山座同定を楽しむのもいいものだ

5 1320㍍峰付近のブナ古木やコナラの大木が残る緩やかな尾根には、早春ならタムシバが咲き香る

6 好展望の鞍部から竜口尾根を振り返ると、踏み越えてきた峰々のひとつひとつが思い返せる

7 樹木に囲まれた笹ノ峰の頂。残念ながらヒメシャラの二次林に囲まれ、展望は得られない

8 2023年11月に閉館となった小処温泉跡へと下り着く

大天井ヶ岳の全容と山上ヶ岳

43

大峰奥駈道前衛の鋭鋒を歩く

大天井ヶ岳《おおてんじょうがたけ》

1439m

日帰り

歩行時間＝6時間40分
歩行距離＝15.5km

技術度 ▲▲

体力度 ♥♥

コース定数	＝29
標高差	＝739m
累積標高差	↗1149m ↘1016m

祠付近から四寸岩山方面を振り返る

大天井ヶ岳は大峰奥駈道《おおみねおくがけみち》の最初の難関として立ちはだかる前衛峰である。どこから眺めても三角錐の整った山容を見せ、一度は登ってみたくなる山でもある。

近鉄吉野《よしの》駅からケーブルを利用して吉野山《よしのやま》駅まで行き、竹林院《ちくりんいん》前のバス停まで歩き、バスに乗って**奥千本口**《おくせんぼんぐち》で下車する。金峯《きんぷ》神社境内を通り、愛染《あいぜん》ノ宿《しゅく》跡、**青根ヶ峰**《あおねみね》を越えて吉野大峰林道へ。この林道を登山口の**心見**《こころみ》**茶屋跡**まで行き、山腹を登って尾根へ出る。いったん傾斜は緩むが、再び登りに転じ、右から**黒滝道**《くろたきみち》を迎えるまで登りが続く。

やがて傾斜が緩むと自然林が残る**四寸岩山**《しすんいわやま》だ。山頂付近は南から西に展望が開け、目指す大天井ヶ岳や弘法大師の道を一望できる。

山頂からは自然林の尾根を**足摺**《あしずり》**宿**《しゅく》へと下る。小屋の中を通り抜け、岩塊が点在する尾根を先に進めば、舗装林道を横断して**二蔵**《にぞう》**小屋**に着く。

小屋前から右の急坂を登って尾

■鉄道・バス

往路＝近鉄吉野線吉野駅起点。

復路＝洞川温泉バス停から奈良交通バス1時間18分で近鉄下市口駅へ。

■マイカー

マイカーの場合は、吉野か洞川温泉に車を置いて、往復登山になる。吉野側なら、橿原市から国道169号を吉野山竹林院経由、金峯神社駐車場へ。洞川温泉側なら、大阪方面から南阪奈道路を橿原市で降りて国道169号、309号で、洞川温泉を経由して毛又谷林道を五番関トンネル西口へ。

■登山適期

ミツバツツジやサクラが咲く4月上旬から紅葉の終る11月下旬まで。

■アドバイス

▽祠から大天井ヶ岳の間は転石の多い急坂。小さな岩場もあるので下りに使う場合は注意したい。

▽吉野駅からタクシーで心見茶屋跡まで行くこともできる。

▽足摺宿は土間だけの休憩小屋。二蔵小屋は板の間、2階建てで囲炉裏がある。簡易トイレは屋外。

■問合せ先

天川村役場企画観光課☎0747・63・0321、奈良交通☎0742・20・3150、奈良近鉄タクシー☎0746・32・2961

■2万5000分ノ1地形図

吉野山・新子・洞川

根へ出る。落葉広葉樹の道にモノレールが現れると祠のある大天井茶屋跡の台地。木の間から振り返れば四寸岩山が望まれる。

祠から露岩の急坂をひと登りすれば、石柱道標があり、右折すれば**大天井ヶ岳**の頂に到着だ。展望は、わずかに北西に開ける程度。

山頂からは南へ尾根をたどり、五番関《ごばんぜき》へ向かう。木の根が露岩にはう狭い尾根をすぎ、正面に山《さん》上《じょう》ヶ岳方面を望むと、岩塊をからんで**五番関**に着く。女人結界門の右、釋丈レプリカの横から植林の急坂を下っていけば、トンネル前の休憩所がある**登山口**に着く。

林道を左へ進み、毛又《げまた》谷右岸をどんどん下って、毛又橋を渡ったら右折、**母公堂**《ははこどう》を経て**洞川温泉バス停**《どろがわ》へ。

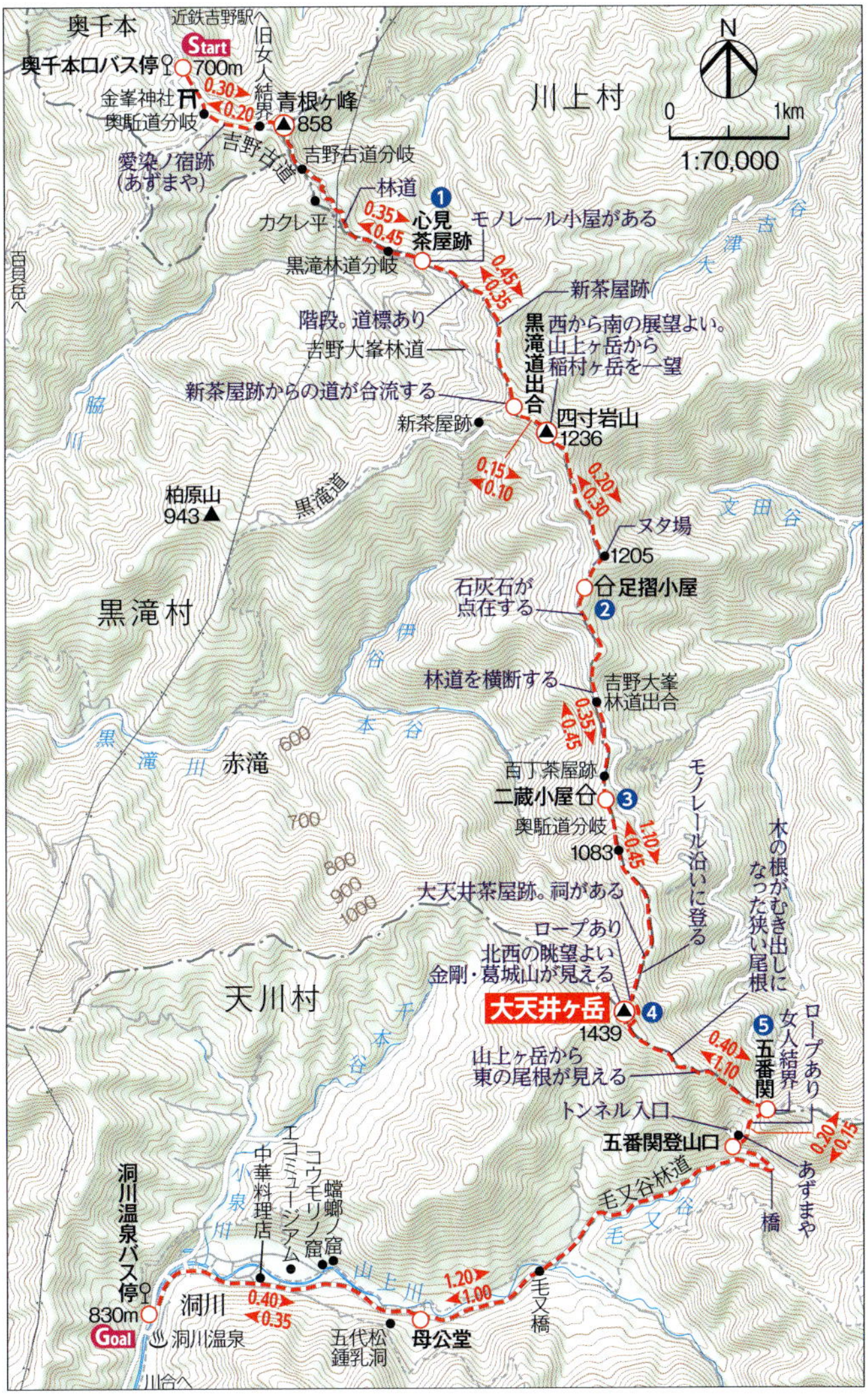

CHECK POINT

心見茶屋跡の登山口にはモノレール小屋がある。林道の50メートル先にも鉄階段の登山口がある

足摺小屋は中を通り抜けるように奥駈道がつけられていて、いかにも参詣道といった感じだ

二蔵小屋前の広場南端にある道標から右へ上がって稜線をたどる

大天井ヶ岳の山頂は広く、憩うによいが、展望は北西に金剛、葛城を望むだけだ

五番関からは、女人結界門の右、錫杖のレプリカからロープを伝い、あずまやのある登山口へ

44

西行や芭蕉も訪れた名瀑から吉野古道を歩く

白倉山

しらくらやま
588m

日帰り

歩行時間＝3時間50分
歩行距離＝7・5㎞

技術度
体力度

コース定数＝**15**
標高差＝360m
累積標高差 617m 617m

白倉山から高見山方面を望む

西河《にしかわ》バス停から東を見上げると、崖を擁した白倉山が眺められる。山麓に雄略天皇ゆかりの名瀑、蜻蛉《せいれい》ノ滝や古刹があり、稜線には吉野《よしの》古道が残る隠れ名山だ。

西河バス停から少し戻って、歩道橋近くで左折、音無川沿いに**蜻蛉ノ滝公園**まで行く。和風トイレ前の太鼓橋を渡り、公園を通り抜け、石段を上がれば蜻蛉ノ滝展望台だ。

白布を落とす滝を眺めたら、奥ノ院から階段道を上がって周遊路と**白倉山の分岐**へ。右の白倉山を選び、鉄階段を上がれば、役ノ行者が篭ったと伝えられ、白蛇窟《はくだのいわや》の別名をもつ**聖天窟**《しょうてんのいわや》に着く。

蜻蛉ノ滝

窟を離れ、桟橋や急なハシゴ、露岩の小尾根を登り終えると山腹をからむようになり、やがて急な尾根に転じ、青根《あおね》ヶ峰《みね》・白倉山《しらくらやま》への道標が立つ**旧吉野街道**に出る。道を右に選び、白倉山を目指す。旧街道の名残をとどめる広いU字状の道が杉林の中をどんどん下っていく。

水平になると道は細くなり、大岩を左に見ると、やがて「右よしの　左かみいち」と記された**石仏**の祠がある西河と王峠の分岐に着く。左へ少し登ると**王峠**の狭い鞍部に出る。

尾根を右へひと登りすると、南

■鉄道・バス
往路・復路＝近鉄大和上市駅から川上村のコミュニティバス21分で西河バス停下車。

■マイカー
南阪和道から橿原市お房交差点で右折、国道169号を大淀へ。大淀のT字路を左折、吉野・熊野方面へ。五社トンネルを出て、すぐ右折、木工館前から音無川沿いに蜻蛉ノ滝公園を目指す。

■登山適期
4月上旬～11月下旬。コブシ、ウメは3月、シダレザクラは4月中旬、ツツジは5月上旬に咲く。紅葉は11～12月上旬。

■アドバイス
▽王峠から白倉山まで道標がなく、踏跡程度。特に佛ヶ峰から五社峠への尾根は特徴がないので、迷い込みに注意したい。
▽公共交通機関利用の場合、帰りのバス便が少ない。事前に確認して出かけよう。

■問合せ先
川上村役場（登山、バス）☎0746・52・0111

■2万5000分ノ1地形図
新子

北に細長い頂の**佛ヶ峰**だ。山頂を直進し、支尾根に誘いこまれないように注意して90度右折、鞍部へ下りて登り返し、コブを3つ越える。続いて送電鉄塔の下を通れば**五《ご》社《しゃ》峠**だ。

休憩所の横から鹿塩《かしお》神社へ行き、社殿の右から尾根を急登すれば4等三角点標石がある**白倉山**に立つ。狭い山頂を少し右へ行くと、NHKの中継アンテナが建つ岩頭に**展望台**があり、西河や蜻蛉ノ滝公園を眼下に、山々が一望できる。

展望台から山頂まで戻り、尾根を北へ行き、あずまやから波津《なみつ》へ向かう。祠を2つ見送って、山腹を右へ下れば**林道**に出る。林道を下り、県道に出合ったら右折、国道169号との合流点を右へ行けば**西河バス停**だ。

CHECK POINT

1 広い多目的グラウンドと駐車場がある蜻蛉ノ滝公園から、和風トイレ前の音無川の太鼓橋を渡る

2 聖天窟へは岩壁につけられた鉄バシゴと桟橋を伝って登る

3 役ノ行者が修行したと伝えられる聖天窟は岩壁のテラスにある

4 佛ヶ峰から鞍部へ下ると左から林道がきているが、踏跡が乱れているので注意しよう

5 五社峠は切通しになっているが、西河への道は荒れている

6 白倉山の三角点は登りきった稜線の鞍部にあり、山頂という感じはしない

7 NTT中継アンテナと建物がある山頂部からは、西河の集落を俯瞰できる

8 山頂展望台からは、狭い尾根を三角点へ戻って、まっすぐあずまやを経て下山路へ

梨子堂の集落は日本の原風景だ

広橋峠から梅の向うに高取山方面を望む

45 栃原岳

能の起源を秘めた山から大峰山への峠へ

とちはらだけ
531m

日帰り

歩行時間＝2時間55分
歩行距離＝9・5km

技術度
体力度

コース定数＝15
標高差＝166m
累積標高差 620m 795m

栃原岳は銀峰山《ぎんぷさん》、櫃《ひつ》ヶ岳《たけ》と並び、吉野《よしの》三山のひとつに数えられ、山頂に猿楽発祥の古社として知られる波比売《はひめ》神社が祀られている。この栃原岳と、のどかな山村風景を楽しみながら、梅林で有名な広橋峠までを結んで歩いてみよう。

旧上栃原バス停が登山口。目の前の鳥居をくぐり、緩やかに登れば、左に大きなシイノキと祠が現れる。やがて、杉林を抜けると視界が開け、NTT鉄塔の先にある展望台に着く。その上が**栃原岳**山頂で、波比売神社が建っている。奥高野《おくこうや》の山々や五条《ごじょう》の町並みなどが眺望できるので、神社への参拝と展望を楽しもう。

下山は往路を登山口の**旧上栃原バス停**まで戻る。鳥居から東へ車道を**樺《かば》ノ木《き》峠**まで行き、祠の前から左の山道へ入る。少し先からは、民家を左にして山腹を行くようになる。送電鉄塔から杉林の尾根を通り抜け、梅林の民家前へ出ると日本の原風景が広がる。

道は右へ山腹をからみ、**梨子堂**《なしんど》の十字路にいたる。十字路の先の道標から右へ登り、変形十字路を

■鉄道・バス
往路＝近鉄下市口駅からタクシー15分で上栃原登山口へ。奈良近鉄タクシー☎0746・32・2961など。
復路＝岩森バス停から奈良交通バス15分で近鉄下市口駅へ

■マイカー
南阪奈道路、国道169号、309号で広橋峠を目指し、峠の無料駐車場を利用し、栃原岳を往復するとよい。

■登山適期
通年歩かれている。梅の開花時期の3月中旬や、10月下旬～11月上旬の紅葉期がおすすめ。

■アドバイス
▽樺ノ木峠以外の場所には道標が整備され、危険箇所もない散策路だが、梨子堂集落や広橋集落の道は複雑に分岐している。道標の見落としに注意しよう。
▽岩森に日帰り入浴施設の下市温泉秋津荘明水館（☎0747・52・2619）がある。
▽広橋峠の散策路の売店では特産品の梅製品や野菜などがお土産として販売されている。

■問合せ先
下市町役場☎0747・52・0001、奈良交通お客様サービスセンター☎0742・20・3100

■2万5000分ノ1地形図
吉野山・中戸

右上へ進めば平坦になり、**椎原《しいばら》峠の林道分岐**に着く。

　道標から右へ行き、天誅組の案内板を左にすると広場に建物がある。ここから林道を離れ、左の山道へ入る。道はマキが植林された山腹をからみ、案内板と「右山上・左下市」と記された石標がある鞍部から沢へ下る。

　小沢の丸木橋を3つ通ると梅林に入る。梅林をすぎ、墓地を右にして舗装農道を50メートルほど行くと、天主の森と広橋峠の分岐に着く。左へ進めば茶店がある**広橋《ひろはし》峠**の展望台だ。

　金剛《こんごう》、葛城《かつらぎ》、高取山《たかとりやま》などの景色を眺めたら、バス道を20メートルほど下って散策路へ入る。梅林の向こうに広橋バイパスの高架を眺めて先へ進む。休憩所の先で階段道を下り、谷間の橋を渡ると桟橋状の遊歩道を通って、鉄の階段を上がる。散策路を右に行けば展望台、左に行けば舗装林道を通って、乳《ちち》屋辻《やつじ》バス停だ。バス道を横断し、林道を下れば、やがて下市《しもいち》温泉がある**岩森《いわもり》バス停**に着く。

CHECK POINT

1 登山口の旧上栃原バス停は、栃原バイパスが樺ノ木峠へ通じる三差路。旧道を下りていくとシダレザクラの古木がある

2 栃原山の登山口には石の鳥居がある。これをくぐって波比売神社への舗装路をたどっていく

3 栃原岳の展望台からは五條の町が俯瞰され、遠く大峰の山々や高野山も望まれる

4 栃原岳山頂の神社には歴史の古さを物語る絵馬が多く掲げられ、境内に杉の古木が残る

5 樺ノ木峠から梨子堂へは、西から北へ展望が開けた道を、梅の香りに包まれながら行く

6 石標の鞍部から梅林へ入れば散策路になる。花期なら梅の花の下は憩うに最適

7 遠くにさっき通ってきた梅林を眺めつつ、茶店がある広橋峠から梅林の散策路を下る

8 梅林に点在する民家の間を通る散策路を乳屋辻から岩森バス停へ

46

空海も見たであろう「遊行」の風景を歩く

弘法大師の道

こうぼうだいしのみち

三泊四日

1日目　歩行時間＝4時間45分　歩行距離＝11．5km
2日目　歩行時間＝5時間25分　歩行距離＝11．0km
3日目　歩行時間＝7時間55分　歩行距離＝16．0km
4日目　歩行時間＝8時間20分　歩行距離＝19．5km

技術度 3/5
体力度 5/5

コース定数	＝**119**
標高差	＝1139m
累積標高差	↗5078m ↘4652m

花矢倉から晩秋の吉野山

弘法大師の道とは、空海の詩、碑銘、上表文、啓、願文などを弟子の真済が集成した『遍照発揮性霊集』に「空海、少年の日、好んで山水を渉覧せしに、吉野より南に行くこと一日、更に西に向かって去ること両日程にして、平原の幽地あり。名づけて高野と曰う……云々」と記され、空海が高野山を発見するにいたったとされる道のことである。

平成27年、高野山が開創1200年を迎える記念事業の一環として、この記述を根拠に弘法大師の道のルートを調査、新たに設定した。本来、出発点は比蘇《ひそ》寺《じ》（現在の世尊寺《せそんじ》）だが、便宜上、金峯山寺《きんぷせんじ》とされた。また、下山路は町石道《ちょうせきみち》を経て天野《あまの》、丹生都比《にうつひ》売《め》神社から三谷《みたに》（紀《き》ノ川）とされるが、高野山・金剛峰寺を終着点とした。そのコースは、

第1日　大天井《おおてんじょう》ヶ岳《たけ》近辺（大天井ヶ岳1439㍍近辺で小屋泊まり）

第2日　小南《こみなみ》峠、天狗倉山《てんぐくらやま》、

■鉄道・バス
往路＝近鉄吉野駅からケーブルで吉野山駅へ。季節限定で竹林院前から奥千本口までバスが運行。
復路＝奥の院から南海りんかんバス21分で南海高野線高野山駅へ。

■マイカー
3泊4日の縦走コースであり、マイカーには向かない。回送業者もない。

■登山適期
四季歩くことはできるが、真夏は避けたい。秋のマツタケ収穫期は出屋敷峠から陣ヶ峰間で入山禁止。

■アドバイス
▽危険箇所などはないが、水場は二蔵小屋と捻草峠の2箇所しかない。
▽第1日目の二蔵小屋は自炊になる。ソロキットと軽シュラフは必携。第3日目の切抜峠へはタクシーを利用すれば時間短縮できる。

■問合せ先
吉野町産業観光課☎0746・32・3081、天川村総合案内所☎0747・63・0999、吉野大峯ケーブル☎0746・39・9254、吉野大峯ケーブルバス☎0746・39・0100、南海りんかんバス高野山営業所☎0736・56・2250

■2万5000分ノ1地形図
吉野山・新子・洞川・中戸・南日裏・猿谷貯水池・高野山

武士《ぶし》ヶ峰《みね》、乗鞍岳《のりくらだけ》を果て、天《てん》辻《つじ》峠（富貴辻《ふうきつじ》宿泊）
第3日　出屋敷《でやしき》峠、天狗木《てんぐぎ》峠、陣《じん》ヶ峰《みね》、桜《さくら》峠経由高野山《こうやさん》とされた。この設定で残念なのは、小南峠～切抜《きりぬき》峠、富貴辻～出屋敷峠、陣ヶ峰～桜峠の稜線が省略され、縦走路として体をなしていないことだ。

本稿では金剛峯寺《こんごうぶじ》を目指す全山縦走コースを設定して紹介してみよう。全長55.7キロの縦走路には、途中、避難小屋もなく、水場も限られ、決して楽なコースではない。しかし、空海の「遊行《ゆうぎょう》」の道であれば、1200年前、空海が眺めたであろう同じ風景を訪ね、一度は歩いてみたい行程ではないだろうか。

高野山伽藍の冬景色

第1日　吉野山から奥駈道へ

近鉄吉野《よしの》駅から吉野大峯ケーブルを乗り継いで**吉野山《よしのやま》駅**が出発点。**金峯山寺**蔵王堂《ざおうどう》へ向かう。本堂で山旅の安全を祈願したら境内を抜け、勝手《かって》神社まで行き、右の道を選んで竹林院《ちくりんいん》前のバス停へ出る。バスがあれば奥千《おくせん》本口《ぼんぐち》まで利用するのもよいが、10メートルほど先の分岐で右の坂道を登る。花期なら中《なか》千本、上《かみ》千本、花矢倉《はなやぐら》のサクラ、秋なら紅葉を楽しみ、高城山《たかしろやま》から**金峯《きんぷ》神社**へ向かう。

金峯神社には義経の隠れ塔などの名所・旧跡がある。時間が許せば立ち寄っていこう。金峯神社の境内を直進、左の奥駈道へ入る。あずまやがある愛染《あいぜん》ノ宿《しゅく》跡、女人結界石を経て、**青根《あおね》ヶ峰《みね》**へ登り、南へ下って吉野大峯林道へ出る。黒滝《くろたき》分岐を見送り、前方に四寸岩《しすんいわ》山《やま》を仰げば、左にモノレール小屋がある心見茶屋《こころみちゃや》跡に着く。

ここからは山道、いきなりの急登を尾根へ出る。尾根道が右から踏跡を迎えると**四寸岩山**に着く。南から西に大きく展望が開け、目指す大天井ヶ岳から延々と西へ続く弘法大師の道が望まれる。

山頂を辞したらブナやイタヤカエデの山腹を下り、雰囲気のよい広場から足摺《あしずり》小屋を通り抜け、石灰岩の小道を通って吉野大峯林道へ下る。林道を横断すれば、ほどなく今宵の宿、**二蔵《にぞう》小屋**が建つ広く明るい百丁茶屋跡に着く。

第2日　大峰前衛峰から切抜峠へ

二蔵小屋からは右の尾根をたどる。雑木林の道がモノレール沿いになると、大天井茶屋跡の祠に着く。振り返ればたどってきた尾根が四寸岩山へと続いている。自然林に変わった山腹を登れば広い**大天井ヶ岳**の頂だ。展望は西に金剛《こんごう》山《さん》方面が眺められるだけ。

頂からは奥駈道《おくかけみち》を離れ、空海が遊行し、高野聖が歩いたであろう道をたどる。北側、モノレールに沿って20メートルほど下り、「弘法大師の道」の看板から急坂を西へ下って植林の稜線を**小《こ》天井岳**へ進む。山名版が残る台地状の頂で90度左折、稜線をたどると旧小南峠の祠に出合う。

尾根は高山《たかやま》から**小南峠**へ下り、急坂を登り返してススキが茂る鉄塔の下へ出る。さらに稜線を行けば、柏原山《かしはらやま》を正面に望む鉄塔を経て**扇形山《おうぎがたやま》**の頂に着く。

扇形山の頂で道は南へ転じ、切抜峠方面へ向かう。鞍部から1070メートル峰に登り返せば、左に展望が開け、稲村《いなむら》ヶ岳《たけ》、弥山《みせん》、八《はっ》経《きょう》ヶ岳《たけ》が望まれる。

明るいアカマツの疎林が山腹の水平道になると、黒木辻《くろきつじ》のNTT中継局を右にして**切抜峠**に着く。

捻草峠付近の無名峰から大峰北部パノラマ

すぐ左下の**笠木《かさぎ》隧道南口**から天川《てんかわ》川合《かわい》までは舗装林道を歩けば30～40分ほどだ。

第3日　絶景の稜線と維新伝説の里

笠木隧道南口へは天川川合からタクシーを利用。**切抜峠**の先からは明るい尾根道だ。新川合トンネルの上を通って、黒尾山《くろおやま》からネジモチ尾《お》を分ける無名峰へ急坂を登る。風通しのよい明るいコブに出ると、大峰山脈北部の山々が一大パノラマとなって眼前に広がる。すばらしい展望だ。しばし、丸太に腰をおろし、空海も眺めたであろう大峰に思いを馳せてみよう。眼下の捻草《ねじもち》峠をはさみ、天狗倉山から高城山《たかしろやま》、武士ヶ峰、矢《や》ハズ峠へと連なる山々が、これからたどる道程の長さを示している。

捻草峠で左の沢へ下り、水を補給したら急坂をいっきに登り、**天狗倉山**の頂を踏み越え、山名板が残る**高城山**から尾根道をたどって林道が横切る庵住《いおすみ》峠へ出る。峠から眺めると、林道が矢ハズ峠の先までのびている。

峠から尾根へかき上がって、**武士ヶ峯北峰**へ登る。山頂北西の急坂を下って林道を横断し、矢ハズ峠から**塩野山《しおのやま》**を通り、再び林道を横断、コブを3つ越え、再度林道を横切る。

クヌギ林の中に乗鞍岳の姿を垣間見て鞍部へ下る。登り返す植林境界尾根は胸突く急坂だが、それもしばしのこと、樹林に覆われた**乗鞍岳**に着く。

頂からは、そのまま西へ下って舗装林道へ出る。舗装林道は大日山への分岐がある**天辻峠（富貴《ふき》辻《つじ》）**で左折、維新の先駆けとなった天誅組本陣跡を左にして、**道の駅「吉野路大塔」**へ下りる。

第4日　天空の浄土

早朝、**道の駅「吉野路大塔」**から**天辻峠（富貴辻）**まで行く。左の杉林、案内板の下に「弘法大師学術調査」の札がある。ここからこの札が目印だ。

杉植林の道は無線中継局の中を横切るように通って県境尾根へ出る。廃小屋の先にある祠のうしろが大日山の山頂だ。展望のない頂を辞して送電鉄塔の下に出る。猿《さる》谷《たに》貯水池をはさみ、行者山《ぎょうじゃやま》、唐《と》笠山《がさやま》を視界にしたら、急坂を下って、舗装林道が通じる**出屋敷峠**を横切る。尾根は緩やかに起伏して白石山《しろいしやま》からセト山《やま》へ向かう。この付近マツタケ山のため、両側の雑木にテープが張りめぐらされているが、春ならミツバツツジの花回廊が紀和《きわ》峠まで続く。

紀和峠から急登し、高塚《たかつか》で90度左折、スナダラリ峠へ向かう。スナダラリ峠は、すぐ下で右から広い道を迎える。道は尾根をまたぎ、雑木林と植林が混在する尾根を**城《しろ》本山《もとやま》**から牛《うし》ノタワへ出る。ここから稜線北側の平坦な踏跡を行くと、小広い湿地をすぎ、私設林道になる。苔むす石積道や崩落跡を通り、左から林道を迎えると、ほどなく**鐘割《かねわり》峠**に着く。

林道は稜線を左右に乗越し、緩やかに登って的場山《まとばやま》手前で舗装路に合する。路傍に休憩小屋がある天狗木峠まで行き、左へ20メートルほどの手すりがある急坂を登れば、金比羅宮祠の前に出て、左折してススキが茂る**陣ヶ峰**の頂に立つ。

高野聖が勧進の際、「天空の浄土」と説いたという、金剛峰寺奥の院がある高野の山々を一望したら、金比羅宮まで戻り、西へ尾根を伝い、1048㍍のコブに出る。右寄りに踏跡を選んで、ススキと灌木の小尾根を行けば車道に出て、右から林道が合する**桜峠**に着く。40㍍ほど行くと左に小道が分かれる。これを選び、団地の南側から道なりに行けば、多くの観光客でにぎわいをみせる**奥の院バス停**に着く。

CHECK POINT

青根ヶ峰を南に下り、吉野大峯林道を行けば最初のピーク、四寸岩山を仰ぎ見る

四寸岩山の山頂から南を眺めると、目指す大天井ヶ岳がそびえ立つ

足摺小屋を通り抜けると石灰岩の狭い道を通る

大天井ヶ岳から天辻峠まではこの道標が案内をしてくれる

小南峠の先でヌタ場を見て鞍部を登り返せば、左に展望が得られる

弘法大師の道が東へ続く扇形山の山頂からは南へ稜線をたどる

切抜峠への尾根道は明るい杉並木のアップダウンからアカマツ林に続く

小さいアップダウンをいくつか越えた黒尾山の肩からは大峰山脈が見える

黒尾山付近から天狗鞍山、武士ヶ峯方面へと続く峰々が目線の高さで見える

東から西へ180度の展望が得られる捻草峠手前のピークから行く手を望む

武士ヶ峰への登りはネット沿いの急登だが、しばしのこと

武士ヶ峯（庵住峠）から塩野山と矢ハズ峠を望めば山をからみ林道が続いている

目指す乗鞍岳を望む疎林の下りは、クヌギの落葉が降り積もってすべりやすい

大日山西の鞍部から唐笠山や行者山をわずかに眺め、再び樹林の道へ入る

出屋敷峠への下りは一直線のすべりやすい坂道

春ならミツバツツジが美しい今井峠付近に残る自然林にホッとする

スナダラリ峠から城本山への道はやや不明瞭で、小沢の丸太橋が一部抜け落ちている

牛ノタワをすぎると苔むす石積を見る。古い生活道路が山腹に残る

天狗木峠から急坂を登れば、金比羅宮の朽ちた鳥居を右にして陣ヶ峰へ

ススキが生い茂る陣ヶ峰から高野の山々を一望したら天空の浄土へ向かう

大和上市駅へ
吉野線
近鉄
吉野駅
Start
300m
ロープウェイ
吉野山駅
0.15
金峯山寺
455
勝手神社
竹林院前バス停
1.25
水分神社
奥千本行きバスの乗り場
奈良県
吉野町
下市町
下市温泉
伊勢街道
370
168
五社トンネル
吉野大峯林道
奥千本口バス停
0.30
坂本コース
金峯神社
奥駈道分岐
青根ヶ峰
858
公園
女人結界石
青根ヶ峰石柱
モノレール小屋
心見茶屋跡
黒滝林道分岐
奥駈入口
1.40
川上村
栃原岳
531
309
広橋トンネル
地蔵トンネル
黒滝道出合
西から南に展望が開ける
四寸岩山
1236
ブナ、イタヤカエデの美林
足摺小屋
石灰岩の小道
露岩
0.55
吉野大峯林道出合
林道を横断
高岳
610
丹生川
黒滝川
黒滝村
二蔵小屋
百丁茶屋跡
90度曲がる
小天井岳
1170
1.10
0.50
松ヶ茶屋跡
小南峠隧道
小南峠
横駈道
1170
高山
1.30
狭い尾根
大天井茶屋跡
モノレール
1439
大天井岳
吉野方面の展望
五番関
山上ヶ岳へ
鉄塔。金剛山、吉野山の展望
0.55
洞川方面への踏跡あり
1053
扇形山
鉄塔
林道からは隧道の30mほど手前の右側から登る。所要6〜7分
石灰岩の露出
櫃ヶ岳
781
栃ヶ山
809
笠木トンネル
笠木峠
新笠木トンネル
1.00
稲村ヶ岳から弥山の展望
アカマツ林の散策路
黒木辻
NTT中継局
柚野山
850
五條市
切抜峠
笠木隧道南口
洞川側から関電巡視路を登る。5〜6分
洞川
洞川温泉
21
母公堂
清浄大橋
黒尾山
986
急坂
金剛山、生駒山方面の展望
新川合トンネル
東から南へ180度の大展望
1.50
樹間から稲村ヶ岳が見える
作業道を横切る
樹林の鞍部
弘法大師の道
大峰を望む
案内板
矢ハズ峠
捻草峠
天狗倉山
1061
水
作業道と接する
川合
天川川合バス停
608
観音峰
北西の視界あり
1.30
塩野山
1008
北峰
1.05
1.10
1111
高城山
雑木の尾根
0.35
弘法大師の道の標識
林道を10m戻る
武士ヶ峯
1014
急坂
林道出合。カーブミラーから取り付く
大日山
稲村ヶ岳
南日裏
53
天川村
309
トサカ尾山
川迫ダム
庵住峠
白石山
広瀬谷
西ノ谷
丸尾谷
天ノ川
白井谷
栃尾辻
弥山川
川迫川渓谷
頂仙岳
天和山

△763
北宇智駅
370
紀見峠駅
24
五條IC
五条駅
39
林間田園都市駅
371
大和二見駅
五條西IC
168
吉野川
橋本東IC
京奈和自動車道
隅田駅
JR和歌山線
橋本IC
橋本駅
下兵庫駅
橋本市役所
大谷川
生子トンネル
614
銀峯山
竜王山
619
南海高野線
300
400
500
△528
橋本市
国城山
552
丹生川
168
西吉野トンネル
防城峯
768
丹生川
宗川
金比羅谷
橋本市
九度山町
七霞山
891
和歌山県
高野町
500
700
西野トンネル
舗装林道を歩く
天辻峠（富貴辻）
乗鞍岳登山口
乗鞍岳
994
雪池山
988
楊柳山
1009
高野町
無線中継局
東進する場合は10m下で右の踏跡を行く
四等標石「木谷」
東進する場合は右上へ90度曲がる
1.05
大日山
897
大日山・簾の分岐
鉄塔
新天辻隧道
急坂
摩尼山
1004
摩尼山峠
城本山
939
1.25
高塚
839
転軸山
四等標石「上垣内」
民塚
923
林道出合
今井峠
ミツバツツジなどの自然林
祠
0.45
0.50
0.40
786
0.20
摩尼山峠への分岐
鐘割峠
0.55
牛ノタワ
スナダラリ峠
794
紀和峠
出屋敷峠
急坂
Goal
桜峠
ススキが茂る
子安分岐
1.15
横駈
牛谷
道の駅「吉野路大塔」
大塔温泉星乃湯
高野山駅へ
480
高野山・奥の院バス停
高野龍神スカイライン
0.40
私設林道終点
的場山
1034
天狗木峠
警報器
908
セト山
2.10
903
白石山
915m峰
堰堤
塩
東進する場合、道標の見落としに注意
1106
陣ヶ峰
急坂
西進する場合、西北西に90度曲がる。「火の用心」と弘法大師道調査表あり
金比羅宮祠の裏から踏跡を行く
西進する場合、右寄りを行く
53
野迫川村
168
唐笠
171
十津川温泉へ

47

日帰り

大峰山脈を眺望する前衛の山
櫃ヶ岳・栃ヶ山

ひつがたけ　781m
とちがやま　809m

歩行時間＝3時間47分
歩行距離＝12・5km

技術度 ▲
体力度 ♥

コース定数＝**18**
標高差＝479m
累積標高差 ↗729m ↘849m

櫃ヶ岳近くの林道から大峰山脈北部の山々

大峰《おおみね》北部の山々を一望できる好展望の頂をもつ櫃ヶ岳と栃ヶ山は、大峰前衛の山として西吉野《にしよしの》の一角に位置している。

近鉄下市口《しもいちぐち》駅から奈良交通バスを利用し、**長谷《ながたに》バス停**で下車する。バス停から50メートルほど戻って、十《とお》日市《かいち》道の橋を渡ったら、すぐに左折、下手垣内《しもてかいと》集落への道に入っていく。水道施設横の登山道を見送り、ふれあい会館、**八幡神社**をすぎて、町道分岐を左折、シダレザクラの古木がある屋敷と玉泉寺《ぎょくせんじ》の間を通り、山畑の道を行く。

櫃ヶ岳や金剛山《こんごうさん》を前方に眺め、左上への道を進む。最奥の民家の前を通って、植林帯へ入ると山道に転じ、654メートル峰の右側山腹を斜上、**尾根道出合**で水道施設からの登山道に出合う。

道を右に選んで直進すると、植林境界となっている林道の右側が雑木林に変わり、左に道が分岐した先で、栃ヶ山への道標が現れる。上へ続く踏跡を登れば**栃ヶ山**山頂の西寄りに登り着く。狭い山頂からは大峰北部が望まれる。

山頂からは**分岐**に戻り、西へ続く稜線道を行く。**林道三差路**に出合って、林道をそのまま西へ進めば、後方が開け、緩やかにカーブすると**櫃ヶ岳分岐**となる。左の鳥居から、急な舗装路を登ると、祠の裏側を通って**櫃ヶ岳**山頂だ。

大峰山脈の眺めに満足したら頂を辞し、社の前から西へ向かう細道へ入る。道は吉銅魔王権現《きちどうまおうごんげん》と大杉の間を通り、いったん林道に合流し、左の尾根道へ入る。緩やかに起伏して623メートル峰をすぎれ

■鉄道・バス
往路＝近鉄下市口駅から奈良交通バス33分で長谷バス停下車。
復路＝城戸バス停から奈良交通バス25分でJR和歌山線五条駅へ。

■マイカー
京阪神方面からは国道169号を広橋トンネル経由、長谷バス停へ。十日市道の橋を渡り左折、下手垣内の集落のふれあい会館前駐車場へ。

■登山適期
通年登られている。コブシ、ウメの花期は3月、長谷のサクラは4月中旬、シダレザクラは4月下旬、ツツジは5月上旬。紅葉は11～12月上旬まで楽しめる。

■アドバイス
▽公共交通機関利用の場合、奈良交通のバス便が減少しているので、出かける前にダイヤを必ず確認しておきたい。
▽吉銅魔王権現の大杉をすぎ、いったん林道に合流し、左の尾根道へ入る付近はわかりにくいので注意。

■問合せ先
五條市役所西吉野支所☎0747・33・0301、奈良交通☎0742・20・3150、西吉野温泉きすみ館☎0747・33・0194（休館中）

■2万5000分ノ1地形図
中戸

ば、やがて林道に出合う。この林道を西へ進み、地蔵石仏の祠が祀られた**川岸《かわぎし》・十日市の分岐**で左折、川岸を目指す。

標高270㍍付近で道が大きく右にカーブする付近、正林寺《しょうりんじ》裏で左へ枝道が分かれる。この道を桧川迫川と丹生川の出合う**県道**へ下る。県道をそのまま南下すれば**城戸《じょうど》バス停**である。時間が許せば西吉野温泉へ立ち寄って山歩きの疲れをいやして帰るのもよい。

津越から望む櫃ヶ岳

CHECK POINT

1 長谷のバス停すぐ横の橋は渡れないので、バス道を30㍍ほど戻って十日市道の橋を渡る

2 尾根道出合で水道施設からの道に出合って、水平道を右へ進む

3 栃ヶ山の山頂直下は急坂になるが、すぐに山頂の西側稜線へ出る

4 東西に長い栃ヶ山の狭い頂からは稲村ヶ岳や山上ヶ岳を眺めることができる

5 急坂を登り終えると山頂広場の社に到着する。櫃ヶ岳の頂へは社の左側から高みへ上がればよい

6 櫃ヶ岳山頂にはベンチが設置され、大峰北部の山座同定を楽しむこともできる

7 吉銅魔王権現の祠と大杉の間を通っていく山道は一度林道に出合うが、すぐ右の枝道へ入る

8 川岸・十日市分岐に祀られる地蔵石仏の祠を右にして、左への坂道を下り、正林寺裏、左の枝道へ入る

48 唐笠山《とがさやま》・行者山《ぎょうじゃやま》

大峰山脈の全貌を見わたす前衛の隠れ名山

日帰り

唐笠山 1118m
行者山 1025m

歩行時間＝4時間20分
歩行距離＝10・0km

技術度
体力度

コース定数＝23
標高差＝733m
累積標高差 ↗1145m ↘1080m

天辻峠から唐笠山・仙人山の全貌

五條市大塔《おおとう》地区の北にそびえる唐笠山は、山麓に元弘の変の歴史を秘め、どこから見ても美しい山容を見せる山である。

大塔支所バス停を出発、宮谷《みやたに》川沿いに進み、世界遺産看板の横、龍神《りゅうじん》ノ水場から左へ上がっていけば殿野《との》集落に入る。集落内の蛇行する道を登り、殿野兵衛ゆかりの西教寺《さいきょうじ》を経て、最奥の民家の前へ。ここで地道の林道に変わるが、そのまま直進する。左に分岐する林道を見送り、終点の**簡易水道施設**前の青い鉄小橋を渡り、山道へ入る。

杉植林の中、固定ロープの急坂をすぎると植生が変わり、自然林となって**第1鉄塔**が建つ台地に登る。南の尾根に白六山《しろくやま》を望み、左上から自然林の山腹を水平に進む。少し足もとの悪い小沢を3つ横切って、第2鉄塔の下まで行くと東に展望が開ける。

つづら折りに登るようになると、やがて小尾根を乗越して高野《こうや》辻《つじ》方面からの**縦走路に出合う**。縦走路を左へ進むと東南に展望が開け、大峰《おおみね》山脈が一望できる。伐採跡地の手前の巡視路標識で道は左右に分岐するが、いずれも唐笠山鞍部へ出る。

鞍部で南側山腹をからむ巡視路を見送り、雑木の尾根を直上すれば**唐笠山**の頂に登り着く。残念ながら眺望は得られない。

山頂を辞したら、まっすぐ尾根を西へ向かう。木の間に「弘法大師の道」の山並みを見て、唐笠山西側鞍部へ下る。踏跡が三分するが、正面の尾根道を選ぶ。まっすぐ1062メートル峰を踏み越えると1時間弱でアンテナ塔が建つ**行者山**山頂だ。

山頂から北へ向かい、鉄塔の横を下って、左に役ノ行者祠跡への道を見送り、2つ目の鉄塔の

■鉄道・バス
往路＝近鉄大和八木駅から奈良交通バス2時間23分で大塔支所バス停。
復路＝阪本バス停から奈良交通バス2時間21分で近鉄大和八木駅へ。

■マイカー
大阪方面からは、西名阪道、国道165号、24号、京奈和道、国道168号などで小代集落のふるさとの森公園駐車場へ。殿野では西教寺付近や林道分岐付近に1～2台の駐車スペースがある。

■登山適期
通年登られているが、夏期は風が通りにくく、不快なことが多い。

■アドバイス
▽唐笠山西側鞍部で踏跡が三分するが、左の杣道は途中で2ヶ所ほど山抜けがあり危険。稜線を忠実に行く方が無難。
▽最近、杣道への迷い込みが多い。単独行を避け、地図、磁石やGPSは必携。
▽公共交通機関利用の場合は1泊2日行程になる。殿野には民宿との兵衛（☎0747・36・0336）などがある。

■問合せ先
五條市大塔支所☎0747・36・0311、奈良交通お客様サービスセンター☎0742・20・3100

■2万5000分ノ1地形図
中戸

分岐を左に行く。さらに下ると761㍍の台地状の地点で再び道が分岐する。ここも左を選び、100㍍ほど先の分岐は右下へ。廃屋の裏から旧街道に出合ったら右折、小代《こだい》の集落を目指す。いくつか屋敷跡をすぎ、村道に出たら、ふるさとの森公園から**阪本バス停**へ行けばよい。

CHECK POINT

1 林道終点にある浄水施設の建物の右、青い鉄の小橋を渡って山道に入る

2 足もとの悪い小沢を３つ横切って２つ目の鉄塔へ出ると、谷をはさんだ白六山のソーラー施設がよくわかる

3 唐笠山の東の鞍部付近の伐採跡からは、稲村ヶ岳から釈迦ヶ岳まで、大峰山脈が一望できる

4 唐笠山の西側尾根から行者山や奥高野の山々を眺め下って鞍部の三分する踏跡へ出たら迷わず直進しよう

5 唐笠山から行者山へ自然林の尾根は美しい歩きやすい道だが、悪天候の際は注意したい

6 樹木に囲まれた狭い行者山の頂も残念ながら展望には恵まれない

7 行者山付近は関電巡視路になっていて、落葉広葉樹林が広がり、秋は紅葉が美しい

8 行者山からの下山路は眼下に猿谷ダムを眺め行くが、樹林帯へ入るまでは急坂だ

49

険しさと優しさをもつブナ林の山

百合ヶ岳（大所山）

ゆりがたけ（たいしょやま）
1346m

日帰り

歩行時間＝3時間30分
歩行距離＝5・0km

技術度
体力度

コース定数＝**16**	
標高差＝651m	
累積標高差	↗ 732m / ↘ 732m

五番関方面から見る百合ヶ岳の山容

百合ヶ岳は、1972年に、高原《たかはら》川をはさんだ対面にある大所山（別名・高原山）と混同されて以来、「大所山」ともよばれ、2つの名前に相応しい嶮しさと優しさをもつ隠れ名山である。

登山口は下多古《しもたこ》谷の琵琶《びわ》滝への山道と隣接する。駐車場前の物置小屋前に私設の道標があり、**登山口**になっている。

山頂へは落葉広葉樹とブナ林が美しい

山道へ入ったら道なりに進めばよい。やがて右からの広い道に出合うが、すぐ先で山道に変わり、**モジケ谷**左岸へ向かう。上流の岩塊下の桟橋で右岸へ移ると、再び尾根をからんで登っていく。

ロープのある露岩混じりの急坂から、勝負塚山《しょうぶづかやま》を垣間見て、つづら折りに山腹を登れば、やがてカラ谷右俣の上流部を右岸へ渡る。水量の少ない2段5㍍の斜瀑を右にして、間伐で明るくなった人工林をジグザグに登り、大岩の下で右折する。さらに登りつめると、右手に突き出た**お立ち台**（展望岩）が現れる。岩の上に立つと台高《だいこう》や大峰《おおみね》の山々が一望できる。

展望岩をあとにすれば、ほどなく尼ノエと百合ヶ岳の中間にある鞍部に着く。

鞍部から植林境界尾根を西へ向

■**鉄道・バス**
往路・復路＝近鉄大和上市駅から川上村やまぶきバス、国道169号ゆうゆうバス50分で下多古バス停へ。

■**マイカー**
大阪方面からは南阪和道路を橿原市で降り、国道169号を大淀経由、大台ヶ原・熊野方面へ進み、下多古谷で右折、谷沿いの道を下多古集落から琵琶滝登山口駐車場へ。

■**登山適期**
4月上旬～11月下旬。シャクナゲの咲く初夏、11月中旬～下旬の紅葉期がおすすめ。

■**アドバイス**
▽尾根分岐のコブから琵琶滝道出合までの間、露岩混じりの狭い尾根の急坂が連続する。悪天候の場合、下山路に使うのは危険。
▽川上村のやまぶきバスと国道169号ゆうゆうバスは1日3～5便の運行（日曜・祝日は運休）。

■**問合せ先**
川上村役場（登山、バス）☎0746・52・0111、川上タクシー☎0746・54・0141

■**2万5000分ノ1地形図**
洞川

かう。コブをひとつ踏み越えると、美しいブナの林の中に三角点標石と山名板が残る**百合ヶ岳**に着く。

木の間越しの展望に安らぎを得たら、山頂から南へ向かい、2つ目の**コブ**で二分する尾根を左へ進む。尾根はすぐにシャクナゲが茂る狭い露岩の尾根に転じ、崖を左に見る急坂となる。岩場や急坂にはロープが設置されているが、露岩とむき出しの木の根が混じる急坂は、すべりやすいので注意したい。

大所山の「市民権」が強い百合ヶ岳の三角点

傾斜が緩み、沢音が聞こえてくれば、やがて琵琶滝への**登山道に出合う**。左へ下っていけば、往路で通った**登山口**の駐車場へ着く。

CHECK POINT

1

百合ヶ岳登山口の駐車場へは上多古川の橋手前から下多古集谷を通っていく

2

百合ヶ岳登山口駐車場の前にある物置小屋横から山道へ入る

3

一度広い道に出るが、自然に山道となり、モジケ谷左岸の道になる

4

モジケ谷の桟橋を通ると伐採跡の明るい尾根道になるが、左又上部で露岩を踏み越える

5

お立ち台（展望台）から5分ほどで1270メートル峰西側鞍部へ出て植林境界尾根を行く

6

植林境界を離れ、ブナやイタヤカエデの林へ入ると、山頂へは美しい紅葉の道が続く

7

百合ヶ岳の山頂もブナの紅葉が美しい。展望は木の間越しに垣間見る程度だが、憩うによいところだ

8

露岩の下りと狭い尾根の急坂はロープが張ってあるが、濡れているとすべりやすいので注意したい

50 強力伝説が残る峯中第一の秀峰に登る

釈迦ヶ岳

しゃかがたけ
1800m

日帰り

歩行時間＝5時間20分
歩行距離＝12・5km

技術度 ■■□□□
体力度 ■■□□□

コース定数＝**24**
標高差＝500m
累積標高差 ↗972m ↘972m

釈迦ヶ岳山頂の朝焼け

釈迦ヶ岳は昔から「峯中、第一の秀峰」といわれ、美しい山容と優れた眺望で知られるが、釈迦ヶ岳から孔雀岳《くじゃくだけ》の稜線付近に、クルマユリ、オオミネコザクラ、ウスユキソウ、コケモモなどが咲くことはあまり知られてなく、隠れた花の名山でもある。

古田ノ森から千丈平と釈迦ヶ岳

その釈迦ヶ岳には、十津川《とつかわ》側の太尾《ふとお》に峠の登山口ができたことで、初心者でも訪れることができるようになった。不動木屋《ふどうこや》林道を**峠の登山口**までいこう。広い駐車場の東側にある階段道を上がると、両側が背丈を越えるスズタケで覆われているが、道は刈り込まれ、歩きやすく整備されている。倒木や露岩もご愛嬌程度で、すぐに見通しのよい疎林の丘陵状の尾根を歩くようになり、左から不動木屋谷の**旧道**を迎える。

ブナ林の尾根道は緩やかに起伏を繰り返し、右に南奥駈道《みなみおくかけみち》の連山、正面に釈迦ヶ岳を眺めつつ、**古田《ふるた》ノ森《もり》**を通って湿地帯を進むと**千丈平《せんじょうだいら》**に着く。右にかくし水を見て、斜面を登れば、釈迦ヶ岳直下で奥駈道に出合う。

小ザサの中に続く道が露岩に変わると、釈迦如来像が立つ**釈迦ヶ**

■鉄道・バス
公共交通機関は利用できない。もっぱらマイカーでの登山となる。

■マイカー
大阪方面からは西名阪道、国道165号、24号、京奈和道、国道168号などで、不動木屋林道を太尾の峠の登山口駐車場へ。

■登山適期
4月上旬～11月下旬。花はミツバツツジ、オオミネコザクラ、ウスユキソウが4月中旬、シャクナゲ、ムシカリが5月上旬、アケボノツツジが5月中旬、シロヤシオは6月上旬。紅葉は10月～11月上旬。

■アドバイス
▽釈迦ヶ岳山頂のブロンズ製釈迦如来立像は大峰開山以来の強力といわれる故・岡田雅行氏（通称・オニ雅）が大正13年夏、1人で担ぎあげたと伝えられる。
▽深仙ノ宿には避難小屋と参籠所があり、宿泊可能だが、参籠所は5月中旬～9月の間は修験者優先使用。

■問合せ先
十津川村役場企画観光課☎0746・62・0001、三光タクシー☎0746・64・0231

■2万5000分ノ1地形図
辻堂・釈迦ヶ岳

岳の頂に着く。四方さえぎるもののない大展望だ、東に台高《だいこう》山脈、南に笠捨山《かさすてやま》、玉置山《たまきやま》、北に八経《はっきょう》ヶ岳《たけ》方面まで見わたせる。

山頂からは南へ奥駈道を下り、極楽《ごくらく》の都津門《とつもん》を覗き、**深仙**《しんせん》**ノ宿**《しゅく》まで行く。万病に効能ありという香精水でのどをうるおしたら、花期にはアケボノツツジが美しい五角仙《ごかくせん》を経て、大日岳《だいにちだけ》のコルへ向かう。見上げる1枚岩のフェイスは三十三尋（約10ﾒｰﾄﾙ）、老朽化したクサリを避け、横の踏跡から**大日岳**に立つ。深仙谷をはさんでそびえる釈迦ヶ岳、孔雀岳の五百羅漢など、眺めはまさに絶景だ。

大日如来に下山の無事を祈願したら、**深仙ノ宿**まで戻り、参籠所の北側で釈迦ヶ岳への道と別れ、左の踏跡を行く。**千丈平**のかくし水へ出たら、往路を**峠の登山口**へ戻る。

CHECK POINT

峠の登山口にはトイレと駐車場があり、登山適期にはツアー登山のマイクロバスも入る

古田ノ森は釈迦ヶ岳への中間点にあるブナの林。梅雨の時期にはバイケイソウが茂り足もとを隠す

古田ノ森付近から赤井谷をはさみ、南奥駈道の山々と大日岳方面を眺める

穏やかなカヤの原の広い尾根を古田ノ森から千丈平方向へ向かっていく

苔むすイタヤカエデの古木が茂る千丈平から釈迦ヶ岳への道は黄葉が美しい

釈迦ヶ岳の頂には、伝説の強力が１人で担ぎ上げたと伝えられるブロンズの釈迦如来像が立つ

大峰山脈の中間地点に位置する深仙ノ宿には山小屋と参籠所がある

鞍部から山頂へはクサリを使わずに大日岳スラブの右横から登る

51 大峰南奥駈道の最重深部を歩く

行仙岳《ぎょうせんだけ》

日帰り

1227m（最高地点＝1282m／転法輪岳）

歩行時間＝4時間40分
歩行距離＝11.0km

技術度 ▲▲△△△
体力度 ♥♥♡♡♡

コース定数＝23

標高差＝522m

累積標高差 ↗1115m ↘1035m

目指す行仙岳の背後に笠捨山がそびえる

行仙岳は西を芦廼瀬《あしのせ》川、東を奥《おく》地《ち》川の険峻に囲まれる大峰《おおみね》山脈の最深部に位置し、無線中継局の山として知られている。

国道425号の白谷《しらたに》トンネル東口から巡視路を登ると、最短距離で到達できるが、ここでは林道小又池之郷《こまたいけのごう》線の終点ゲートから持《じ》経宿《きょうのしゅく》峠を経て南奥駈道《みなみおくかけみち》を歩いてみよう。奥駈道の一端を覗くことができる。

終点ゲートから1時間、大峰主稜線の**持経宿峠**に出る。十《と》津川《つかわ》側へ10㍍進んだ左の石標から尾根へ上がる。左右に山並みを眺めながらブナ林に入ると、不動明王の祠と、「森の巨人達百選」に選ばれた樹齢800年というヒノキがある。ここからはナラの巨木や美しいブナ林が続く明るく快適な道である。平安時代から続くという**平《へい》治宿《じのしゅく》**には西行法師の歌碑や、今西錦司氏が植えたというサクラがあり、晴れた日には釈迦《しゃか》ヶ岳《たけ》が望まれる。

平治宿小屋を離れ、シロヤシオの古木が多い尾根を登ると、2等三角点標石と釈迦の説法岩がある**転法輪岳《てんぽうりんだけ》**に着く。

休憩したら、植林境界尾根を下る。傾斜が緩くなるあたりで南東に視界が開け、目指す行仙岳と、背後にそびえる笠捨山《かさすてやま》が望まれる。

尾根は、やがて狭くなり、露岩混じりの小さなアップダウンを繰り返し、倶利伽羅岳《くりからだけ》直下を行く。倶利迦羅岳へはまっすぐ尾根を急登する道と、西側の岩を巻き、ルンゼ状のクサリ場を上がるコースに分かれるが、どちらを選んでも大差はない。露岩の多い**倶利迦羅岳**からは西に展望が得られ、芦廼

■**鉄道・バス** 公共交通機関の利用は難しく、マイカーで訪れる登山者がほとんど。

■**マイカー** 入山口の小又池之郷線の終点ゲートへは、大阪方面からは、南阪奈道、国道169号などを利用。4台程度の駐車スペースがある。下山口の白谷トンネルへは、国道168号を滝まで行き、425号へ入り、21世紀の森経由で巡視路登山口へ。

■**登山適期** 4月上旬～11月下旬。花期はアケボノツツジ5月上旬、シロヤシオ5月下旬、紅葉は稜線付近が10月中旬、石ヤ塔付近は11月上旬が見ごろ。

■**アドバイス** ▽倶利伽羅岳の周辺は露岩混じりのやせ尾根もある。雑木が高度感を隠すが、左右の谷は深いので慎重に。▽マイカー登山が中心になるので登山口と下山口が異なる場合、車両回送を業者に依頼する（福島モータース☎07468・2・0039）か、両方に車を配置する必要がある。

■**問合せ先** 上北山村役場☎07468・2・0001、奈良交通お客様サービスセンター☎0742・20・3100、川上タクシー（上多古）☎07746・54・0141

■**2万5000分ノ1地形図** 池原

瀬川をはさみ、八人《はちにん》山群が間近に迫る。

倶利迦羅岳をあとにすると、シャクナゲの茂るコブやササ枯れの屈曲尾根を下り、怒《ぬ》田《た》宿《しゅく》跡へ向かう。**怒田宿跡**から階段状の道をつづら折りに登っていけば、2つの中継アンテナが建ち、二等三角点が置かれた**行仙岳**山頂だ。

山頂で、遠く釈迦ヶ岳へ続く奥駈道の山々を視界に納めたら、巡視路を**白谷トンネル東口**へ下るとしよう。

倶利伽羅岳から望む八人山群

CHECK POINT

1 池郷川右岸の白谷池郷林道を約1時間の持経宿の峠から奥駈道へ

▼

2 平治宿は稜線の西側、小広い台地に建ち、別棟にトイレも備えている

▼

3 倶利伽羅岳のクサリ場は傾斜の緩いルンゼ状にあり、特に困難はなく倶利伽羅岳の肩へ

▼

4 怒田宿跡からは、短いが急な山腹のつづら折りの道を頂へ

▼

5 行仙岳直下から十字路を直進し、白谷トンネル東口へ連続する鉄バシゴを下る

52

笠捨山

南北奥駈道を見わたす双耳峰と奇名の山をめぐる

かさすてやま
1353m

前夜泊一日

歩行時間＝8時間55分
歩行距離＝14・5km

技術度

体力度

コース定数＝**36**	
標高差＝883m	
累積標高差	↗1473m ↘1473m

香精山付近から槍ヶ岳、笠捨山の稜線を望む

笠捨山は東峰と西峰の双耳峰で、奥駈道《おくかけみち》の南北両方を眺望できる大峰《おおみね》南部の名峰として名高い。

上葛川口バス停《かみくずかわぐち》から150メートルほど戻ったところが登山口で、標識にしたがって右の林道へ入る。林道が右へ曲がる付近にも道標があり、ここから山道に入る。左下に墓地を見て樹林の中を登る。奥駈道へ出た地点は**古屋の辻**《ふるやのつじ》で、21世紀の森・紀伊半島森林植物公園への道が通じる峠になっている。

奥駈道を北に行けば古屋宿跡《ふるやのしゅく》である。塔《とう》ノ谷《たに》峠は直進し、階段道を登って南北に長いコブに出る。少し下ると塔ノ谷道に出合い、金剛童子《こんごうどうじ》の石柱が立つ鞍部の**貝吹金剛**《かいぶきこんごう》に着く。鞍部からの階段道は岩塊のある貝吹野《かいふきの》を通り1023メートル無名峰に続く。さらに先へ進むと植生が自然林に変わり、**香精山**《こうしょうざん》に着く。

北へ下り、眺めのよい送電鉄塔からコブをひとつ越えると**四阿宿跡**《あずまやのしゅく》だ。直進して東屋岳《あずまやだけ》で右折し、少し下ると地蔵岳《じぞうだけ》の登りになる。ここから槍《やり》ヶ岳《たけ》を越えるまでは奥駈道中南部で最大の難所で、やせ尾根の岩峰が続く。

間断なくクサリとロープを伝い、**地蔵岳**、槍ヶ岳を踏み越えて**葛川辻**《くずかわつじ》へ。直進すれば**笠捨山**西峰に立つことができる。祠と石碑があり、南北奥駈道を見わたしたら、鉄塔が建つ東峰へ行こう。

下山は、南側の左端から坂を下り、分岐を右折、露岩の先で二分する尾根は左を選ぶ。少し下ると平坦な尾根道となって**熊谷**《くまたに》**ノ頭**《かしら》だ。分岐を直進して**蛇崩山**《だぐえやま》を往復

■鉄道・バス
往路・復路＝近鉄大和八木駅から奈良交通新宮行き特急バス4時間で十津川村役場。瀞八丁行き十津川村営バスで上葛川口バス停へ。

■マイカー
国道168号の十津川村滝へ行き、国道425号から林道笠捨瀞線に入る。葛川隧道の手前に数台の駐車スペースがある。上葛川口バス停まで徒歩20分。

■登山適期
3月下旬～11月下旬。コブシ、ウメ3月、ミツバツツジ、サクラ4月中旬、シャクナゲ5月初旬、ツツジ5月上旬。紅葉10月中旬～11月中旬。

■アドバイス
▽笠捨山から蛇崩山、上葛川の間に道標はない。道迷いに注意。
▽蛇崩山分岐から鞍部（小屋跡）から北側へ1～2分に水場がある。
▽奈良交通バス、十津川村営バスはともに便数が限られている。
▽岩稜のアップダウンもあるロングコースだけに、早朝に出発したい。

■問合せ先
十津川村役場（登山、村営バス）☎0746・62・0001、奈良交通☎0742・20・3150、三光タクシー（十津川）☎0746・64・0231

■2万5000分ノ1地形図
十津川温泉・大沼

したら、分岐から左の尾根を下り、鞍部から登り返して尾根の東側を巻くように進む。

　尾根を東から西へ乗越し、山腹を下って**明日平**《あしただいら》付近から864メートル峰西尾根との中間を下る。左の方にシカ除けフェンスが見える分岐で左折。伐採跡のフェンス沿いに左へ下り、右の開閉扉を通って道なりに進む。水源施設を経て、葛川の橋を渡り、村道を左に行けば、やがて**上葛川口バス停**に着く。

笠捨山西峰から行仙岳、遠く大普賢岳も

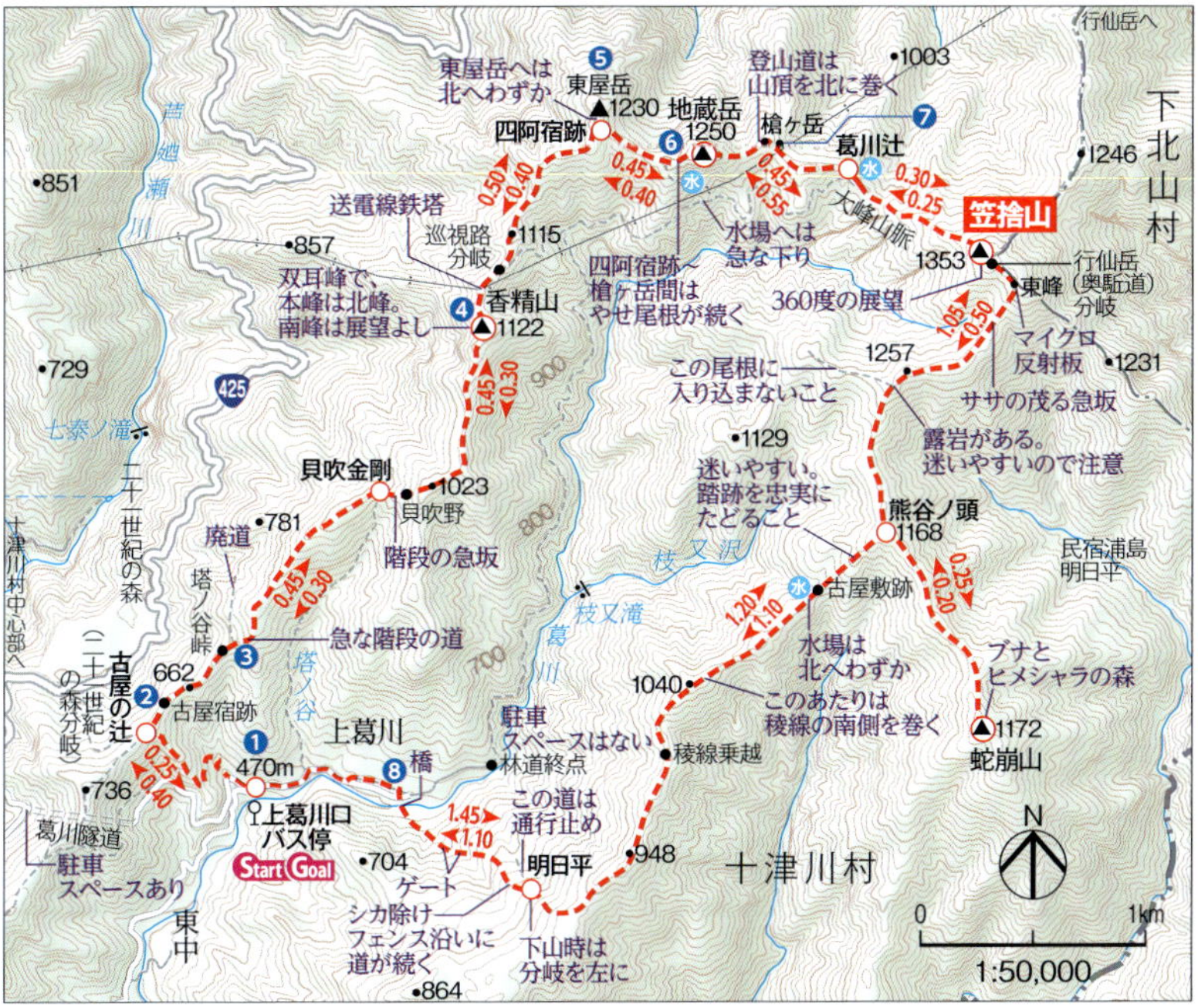

CHECK POINT

上葛川口バス停の三差路から150メートルほどバス道を戻って、右の道標から林道へ入る

奥駈道へ出たところが21世紀の森への道が通じる峠(古屋の辻)。ここから北へ稜線を行く

植林の中にある塔ノ谷峠には、石標のほかに私設の道標がいくつも残る

展望のよい高圧鉄塔から東屋岳、地蔵岳、槍ヶ岳のやせた岩峰が連なっているのが見える

東屋岳で右折、方向を変えて地蔵岳へ向かえば、シャクナゲが茂るやせ尾根の道になる

東屋岳の鞍部からは、足場の悪い岩稜をクサリを伝って、地蔵岳へ登る

中南部奥駈道の悪場を通過してホッとひと息。葛川辻手前のコブから槍ヶ岳を振り返る

伐採跡地を通り抜け、山畑の道を川沿いに行き、吊橋を渡れば上葛川口のバス停は近い

南奥駈道の朝

53 玉置山《たまきやま》 1077m

神代杉がある熊野三山奥宮の行場を訪ねる

前夜泊一日

歩行時間＝6時間45分
歩行距離＝11・5km

技術度 ★★☆☆☆
体力度 ★★☆☆☆

コース定数＝31	
標高差＝922m	
累積標高差	↗1527m ↘692m

玉置山は崇神《すじん》天皇のころに創建されたという玉置神社の名を冠し、その神域近くに位置している。東西を北山《きたやま》川と十津《とつ》川の渓谷にはさまれ、杉古木の天然林が神聖な雰囲気を保っている修験道起着点の山である。

折立《おりたて》にある南都銀行の右横から車道を離れ、左の枝道に入る。点在する民家の脇から山道を進み、中谷《なかたに》の滝の前を通り、岩祠を左にして尾根を行く。分岐はいずれも右を選び、卯月山《うづきやま》山腹の道を行くと、古い石標が残る**高滝辻《こうたきつじ》**だ。

シカ除けフェンスの扉を開け、自然林の階段道を行くと**大谷《おおたに》林道**に出合う。左へ進み、道標から大《おお》峰奥駈道《みねおくがけみち》を進み、**花折塚《はなおれづか》**へ。

花折塚からは来た道を戻り、展望台を右に見送り、かつえ坂展望台まで進む。分岐を左へ行けば**勧《かん》業《ぎょう》山碑《やまひ》**の残る峠に立つ。勧業山碑から尾根を直進、**1057メートル峰**で右折、露岩混じりの尾根を下る。キレットのクサリ場から樹林のコブを踏み越えれば**宝冠《ほうかん》ノ森《もり》**だ。

玉置神社には神代杉をはじめ杉古木が多い

祈祷所の裏から展望を楽しんだら、**勧業山碑**まで戻り、十字路を直進。尾根道からシャクナ

■**鉄道・バス** 奈良交通バスとタクシーを利用して大和八木駅から登山口、下山口から大和八木駅を往復できるが、前夜泊か下山後に宿をとることが前提。

■**マイカー** 玉置神社〜玉置山の往復となる。大阪方面から南阪奈道路、京奈和・五条道路、県道30号、国道24号、310号、168号などで玉置神社駐車場へ。

■**登山適期** 通年登られているが、厳冬期は軽アイゼン持参のこと。コブシ、ウメ3月、ミツバツツジ、サクラ4月上旬、シャクナゲ5月初旬、ツツジ5月上旬。紅葉10月中旬〜11月中旬。

■**アドバイス** ▽折立から高滝辻の道は途中の石段道に落ち葉が積もり、すべりやすいので注意。▽シーズン中の温泉旅館の予約は早期にした方がよい。

■**問合せ先** 十津川村役場観光振興課☎0746・62・0001、奈良交通☎0742・20・3150、熊野交通☎0735・22・5101、三光タクシー（十津川）☎0746・64・0231、玉置神社☎0746・64・0500

■**2万5000分ノ1地形図** 十津川温泉・伏拝

ゲの林を抜け、**玉置山**山頂へ立つ。汐見地蔵と三角点があり、晴れた日には遠く熊野灘《くまのなだ》を航行する船が望まれるという。

登ってきた宝冠ノ森や、重畳と続く熊野三千峰の眺めに満足したら、汐見地蔵の背後から南へ階段道を下り、杉古木に囲まれた**玉置神社**へ行く。境内には神代杉とよばれる杉巨木のほか、社務所の襖絵など重要文化財も多く、時間が許せば、じっくり見学したい場所が多い。

本殿に参拝したら鳥居をくぐり、石段下の道を右へ。左に天然杉原生林を眺める広い参詣道には、岩石の随所に枕状溶岩の痕跡をとどめ、ここが太古の時代、海底であったことを示している。興味のつきない山ではあるが、予約したタクシーの待つ**駐車場**へ急ぐとしよう。

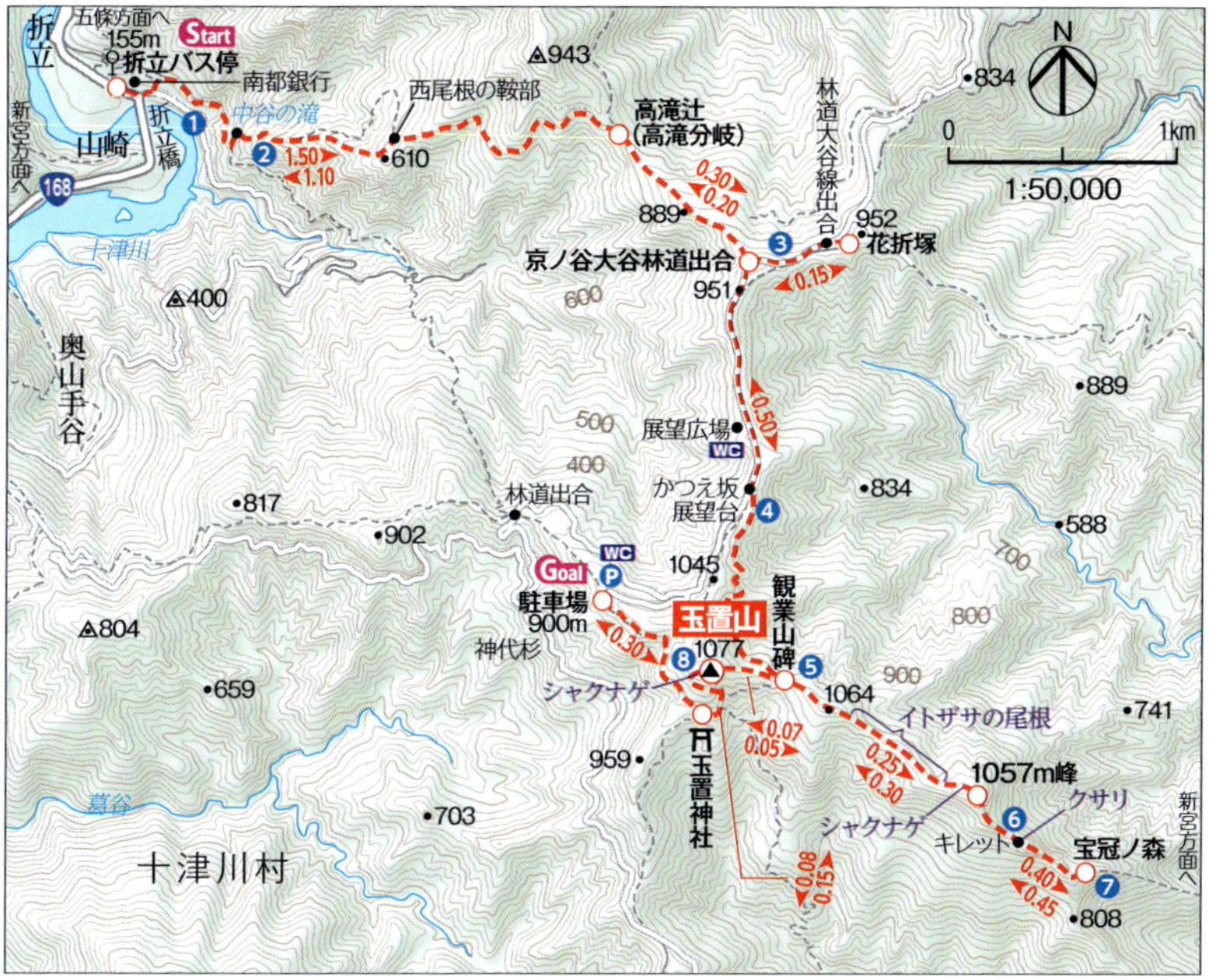

CHECK POINT

折立バス停から南都銀行横の林道へ入って、左の枝道から折立の集落を抜け、中谷の滝へ

中谷の滝から祠の前を通り、高滝分岐への道へ入ると、ウバメガシの落葉が降り積もる石段道を登る

高滝分岐から自然林を通り、林道大谷線へ出たら左へ進み、奥駆道へ入って花折塚へ

かつえ坂展望台から、左の水平道へ入って観業山碑が立つ峠の十字路へ

勧業山碑の十字路から宝冠ノ森へは、イトザサの茂る尾根道を行き、1057㍍峰を目指す

1057㍍峰からは露岩の急坂となって、クサリ伝いにキレットへ下り、登り返すと宝冠ノ森

行場の岩の横を通って雑木林を出ると、熊野の山々が一望できる宝冠ノ森の東端に立つ

観業山碑からまっすぐ尾根を登った玉置山山頂からは、汐見地蔵のうしろから玉置神社へ

玉置神社から熊野本宮へ大峰・奥駈道の最南部を歩く

南奥駈道

前夜泊一日

みなみおくがけみち　1078m（大森山）

歩行時間＝8時間10分
歩行距離＝16・0km

技術度
体力度

コース定数＝31
標高差＝118m
累積標高差　1030m　1931m

玉置山付近から奥駈道の朝

大峰《おおみね》山脈を北部、中部、南部に分け、奥駈道を当てはめると、玉《たま》置《き》神社から七越峯《ななこしみね》、熊野本宮大社《くまのほんぐうたいしゃ》までを「南奥駈道」とすることができよう。標高こそ低いが、アップダウンの多いロングコースで、岩場、急坂もある「修験の道」である。

玉置神社本殿に山行の無事を祈願したら、石段下の鳥居を出て、すぐ左の奥駈道へ入る。犬吠坂《いぬぼえざか》から**玉置辻**《たまきつじ》（本宮辻）へ下り、舗装林道を横断、道標横の山道を行く。いったん林道を行くが、再び山道になると、水呑金剛《みずのみこんごう》石柱道標があり、「玉置神社へ3キロ、熊野本宮へ12・7キロ」を示している。

植林の急登しばし、**甲森**《かぶともり》**と大森山**《おおもりやま》**を分ける稜線**に登り着く。右へ進み、旧篠尾辻《ささびつじ》手前の山抜け跡から篠尾の集落や熊野の山々を望み、再び植林の中を登れば**大森山**に着く。

山頂で90度左折、大森山南峰（大水の森）を通って、切畑《きりはた》への道を分ける**篠尾辻**（峠）にいたる。ここから急なアップダウンを繰り返す樹林の尾根となる。やがて露岩に木の根がからむ狭い尾根を登れば、**五大尊岳**《ごだいそんだけ》の頂だ。

樹間に果無《はてなし》山脈を見て、不動明王像に暇を告げたら、鞍部へ下っ

て南峰へ登り返す。

南峰で90度右折、609メートル峰へと尾根を下るとコブ上で道が二分する。右へ進み、「蟻の戸渡」「貝ずり」とよばれる難所を通る。さらに狭い鞍部へ急下降して登り返す。小さなコブを踏み越え、雑木林を下ると**金剛《こんごう》多《た》和《わ》ノ宿《しゅく》跡**（六道ノ辻）に着く。左は篠尾、右は切畑、前方右は水場だ。

ここからは正面を直登して**大黒天神岳《だいこくてんじんだけ》**山頂へ。頂を辞したら送電鉄塔を経て、宝篋印《ほうきょういん》塔《とう》がある**山在峠《さんざい》**に下

↑玉置山付近から雲海に浮かぶ卯月山と十津川の山々

→シャクナゲ咲く霧の中の玉置神社

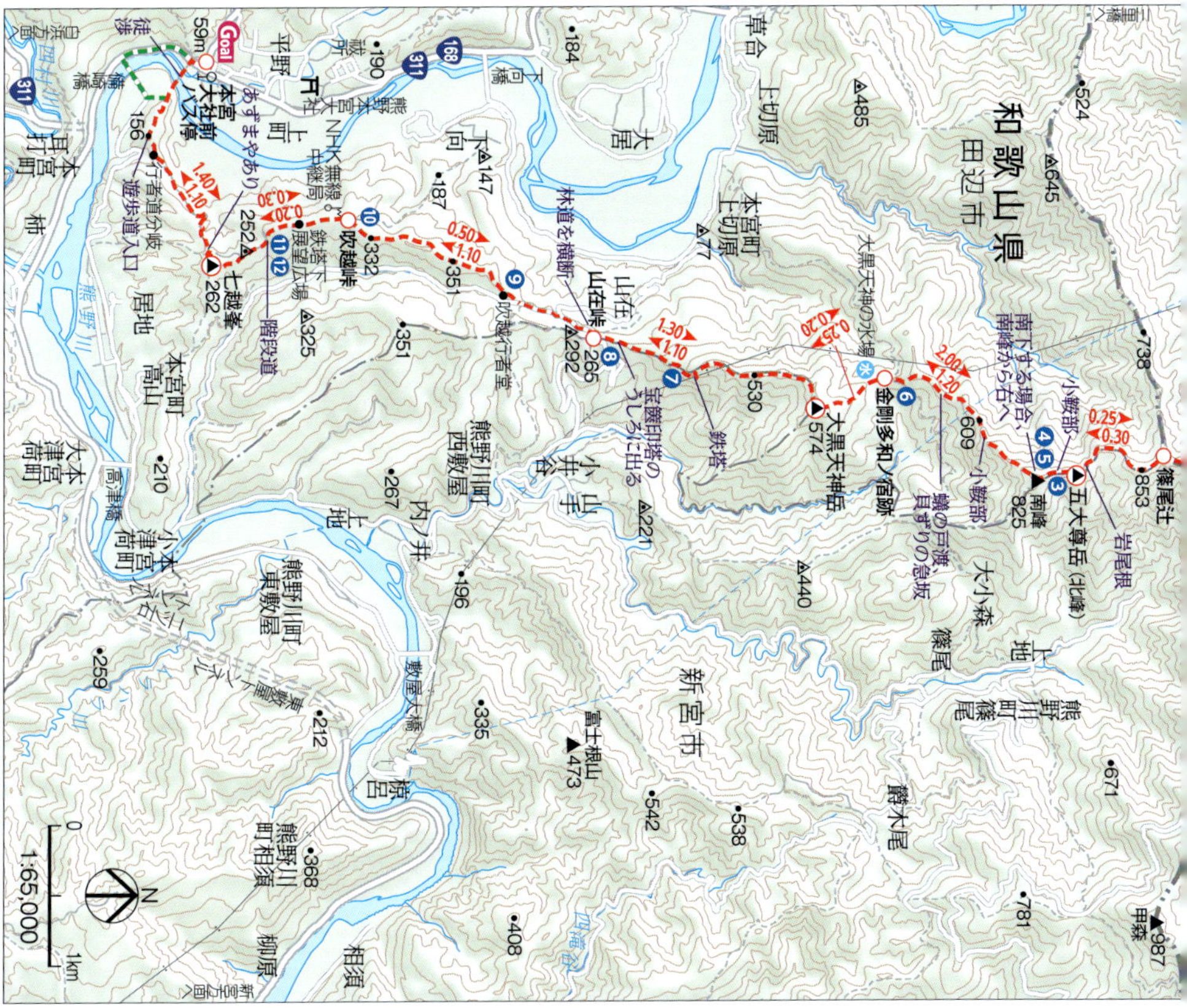

る。続いて林道を横断、左に吹越《ふきこし》権現《ごんげん》と行者堂を見て、再び林道を横断、吹越峠へ向かう。小さいが急な起伏を2つ3つすぎれば**吹越峠**に着く。

峠からしばらく行くと、鉄塔下に展望広場が現れる。大斎原《おおゆのはら》の鳥居を眼下に、七越峯、熊野川が眺められる。

展望広場から七越峯は目と鼻の先。林道を行き、公園の奥から階段を登れば、赤い鳥居と小さな祠がある**七越峯**に着く。頂からは舗装路を西へ下って「紅葉谷」への道標まで行く。ここで舗装路を離れ、右の山道へ入る。

山腹をからみ、堰堤の上から熊野川の河原へ下りたら浅瀬を徒渉して対岸の**本宮大社**へ行く。時間が許せば大斎原にも詣で、山旅を

■鉄道・バス

往路＝大和八木駅から奈良交通新宮行特急バス4時間、折立で下車。タクシー30分で玉置神社駐車場へ。三光タクシー（十津川）☎0746・64・0231、熊野第一交通☎0735・42・0051

復路＝本宮大社前バス停から奈良交通大和八木駅行特急バス4時間45分で大和八木駅へ。

■マイカー

車を入山口と下山口に用意することが前提となる。玉置神社へは、南阪奈道路、国道24号、京奈和・五条道路、国道310号、168号などを利用。熊野本宮大社へは、同じく五條から168号を十津川温泉経由となる。

■登山適期

通年。冬期は軽アイゼンを用意。

■アドバイス

▽金剛多和ノ宿跡から大黒天神岳の横駈道を5分ほどに水場がある。

▽折立から玉置神社へのタクシーの予約がとれない場合、折立バス停から玉置神社まで約3時間の行程（休憩含まず）。

▽玉置神社（☎0746・64・0500）は早めに予約すれば大峰奥駈の行者、登山者にのみ、宿泊の便宜を図ってくれる。

▽紅葉谷から熊野川を徒渉しないで、備崎橋を渡っても時間的に大差はない。

■問合せ先

十津川村役場観光振興課☎0746・62・0001、奈良交通☎0742・20・3150、熊野御坊南海バス☎0735・22・5101

■2万5000分ノ1地形図

十津川温泉・大沼・瀞八丁・伏拝

CHECK POINT

1

玉置辻の林道横の石柱道標から大森山・甲森分岐へ

2

山抜け跡から篠尾集落を俯瞰したら大森山へ向かう

3

五大尊岳へは急なアップ・ダウンを越えていく

4

五大尊岳へ登り着くと新しい不動明王像が迎えてくれる

5

西に展望が得られる五大尊岳から果無越えがよく見える

6

金剛多和の辻は篠尾と上切原の峠だ

7

山在峠付近から大居と蛇行する熊野川を右に見て下る

8

山在峠の宝篋印塔の後ろから林道へ出て横断する

9

吹越権現から林道を横断して階段道を行く

10

案内板から吹越峠へは緩やかな植林帯を行く

11

吹越峠を離れると大斎原を眼下に眺める

12

展望広場までくれば七越峯は近い。ひと息入れていこう

小辺路《こへち》① 伯母子岳越え《おばこだけごえ》

平家伝説の峰を踏み越えて十津川温泉郷へ

1344m（伯母子岳）

三浦峠から伯母子越えを振り返る

三浦峠から雲海に浮かぶ果無山脈

世界遺産・熊野《くまの》古道《こどう》の一部である小辺路は、紀伊山地の参詣道の中でも屈指の険しさで知られ、3つの1000メートル級の峠と、3つの渓谷を越えていく全長72キロのロングコースだ。まず、伯母子岳、伯母子峠を越え、三田谷《みたたに》を経て、西中《にしなか》までの前半を歩くコースを紹介しよう。2泊3日の行程だ。

第1日　高野山《こうやさん》の**千手院橋《せんじゅいんばし》バス停**から、道の対面、金剛三昧院《こんごうざんまいいん》の石柱横の道を金剛三昧院の手前の十字路まで進んで右折、**ろくろ峠**に上がる。

峠の大滝口《おおたきぐち》女人堂跡から未舗装の道を直進、高野女人道を左に見送って、**薄《すすき》峠**へ行く。峠から左へ山腹を下り、**御殿川《おとがわ》橋**を渡って急登、分岐を右へ進めば**大滝《おおたき》集落**だ。

集落から道標にしたがい、最奥の民家前を通って、山腹の道を稜線に登れば、やがて**高野龍神《こうやりゅうじん》ス**

標高差＝524m

累積標高差　↗3482m　↘4087m

■**鉄道・バス**

往路＝高野山ケーブル高野山駅から南海りんかんバス約10分で千手院橋へ。

復路＝西中大谷橋から十津川村営バス約30分で十津川温泉バス停へ行き、奈良交通バス約4時間33分で近鉄八木駅。ただし12時台が最終ため、十津川温泉でさらに1泊することになる。

■**マイカー**

複数日程の縦走コースだけに、マイカーは起点と終点に各1台必要。高野山奥ノ院駐車場、西中大谷付近の駐車スペースを利用する。

■**登山適期**

4月上旬〜11月下旬。

■**アドバイス**

▽龍神スカイラインには歩道がないので歩行には充分注意。

▽大股にはホテル、民宿もあるが、シーズン中は早めの予約がよい。

▽三浦口、五百瀬には民宿が少ない。予約がとれない場合は十津川観光協会に相談してみよう。

▽西中大谷橋バス停を午後に発車する村営バスは14時前後の1便のみ。

■**問合せ先**

十津川観光協会☎0746・63・0200、高野町観光協会☎0736・56・2468、野迫川村産業課☎0747・37・2101、南海電鉄高野山駅☎0736・56・2305、

カイラインに出合う。右へ進み、水《みず》ケ峰《みね》入口へ。樹林帯を登り、林道タイノ原線へ出たら、道標を追って大股《おおまた》バス停まで行く。

第２日　**大股バス停**から橋を渡って村中を通り抜けると、道はつづら折りに登って、**萱《かや》小屋**に着く。先へ進むとサルカイ谷を右に、**桧《ひのき》峠**に着く。峠からの道が**伯母子岳分岐**に出たら、直進すれば**伯母子岳**山頂だ。

頂からは東進、**伯母子峠**へ行く。峠から右へ行けば**上西家跡**に着く。ここからは右の尾根を行く。崩落跡を左にする階段道を下れば**水ケ元茶屋跡**。ここを離れると石畳の道が断続的に**待平《まちだいら》屋敷跡**まで続き、やがて**伯母子岳登山口**へ

南海りんかんバス高野山営業所☎0736・56・2250、十津川村営バス運行管理事務所☎0746・64・0408、奈良交通お客さまサービスセンター☎0742・20・3100

■2万5000分ノ1地形図　上垣内・伯母子岳・高野山・梁瀬

CHECK POINT

1 大滝口（ろくろ峠）へ出ると道は平坦な地道の林道になる

2 林道のすぐ左にある薄峠は尾根を乗り越すようにして左下方へ進む

3 御殿川橋を渡ると道は急坂となって、丁字路へ出たら右折。大滝集落へ

4 大滝集落にはあずまやとトイレがある。ひと息いれたら最奥の民家前から高野龍神スカイラインへ

5 水ヶ峰への入口から植林の坂道を登りきって林道タイノ原線へ出る

6 水ヶ峰から林道タイノ原線へ出たら左折する

7 ここで林道を離れ、大股へ下る。山畑を右に見て坂を下って県道に出たら右の大股バス停へ

8 大股の集落を通って山道へ入ると、広いが、つづら折りの山道が萱小屋まで続く

9 萱小屋は避難小屋の機能を備え、小屋前の広場は休むのによい

CHECK POINT

伯母子岳山頂は360度の好展望。遠く三浦峠や大峰の山々も望むことができる

避難小屋とトイレがある伯母子峠から上西家跡へは3つの沢を横切る山腹の道だ

石積が残る上西家跡には湧水があり、春にはヤマザクラが美しい広場だ

水ヶ元茶屋への道は稜線のアップダウンや山崩れ跡を通るなど、変化に富んでいる

祠と湧水がある広々とした水ヶ元茶屋からは人工林となる

杉植林に包まれた待平屋敷跡からは、転石と露岩の悪路になる

五百瀬の伯母子岳登山口へ下り着いたら左の橋を渡り、トンネルを抜け、腰抜田を経て三浦口へ行く

伯母子岳越え第2日目の終着点は三浦口バス停。付近に民宿岡田などの宿がある

棚田の道から集落の中を通り、最奥の民宿の庭先から石畳の道を行く

吉村家跡の杉巨木と墓石の間を通って緩やかに登って三十丁の水場を経て三浦峠へ

矢倉観音堂まで来ると道も広くなり、里近い感じになるが、ロープを伝う箇所もある。気を緩めず行こう

民家の下から林道を出入りして国道425号に出たら右折して西中大谷橋バス停に到着する

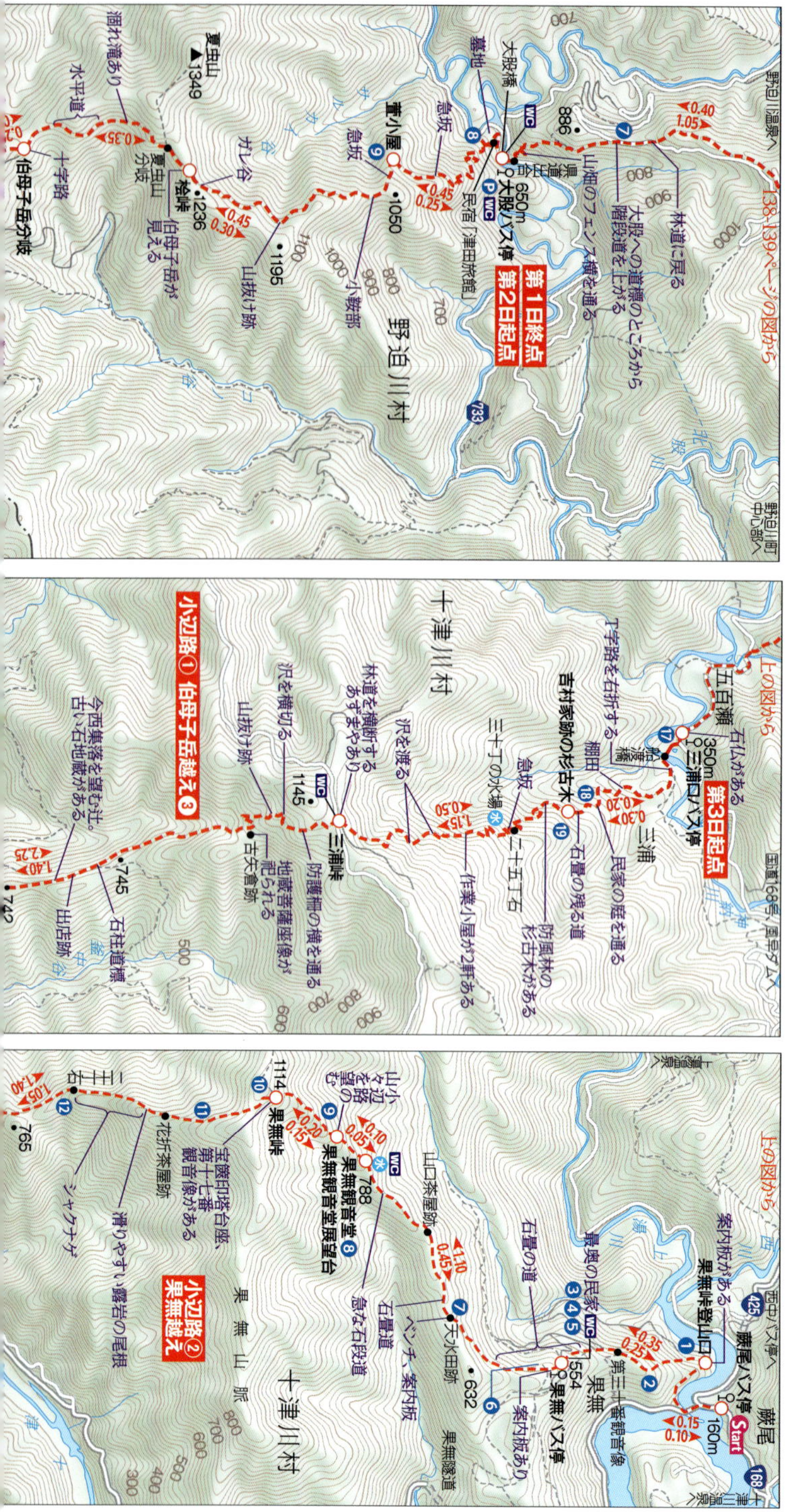

熊野本宮からの里程を示す丁石が各所に残っている

く。左の橋から隧道を通り、五百《いも》瀬《ぜ》をすぎれば**三浦口**《みうらぐち》だ。

第3日　三浦口バス停から右下の民宿岡田の前へ出て、左側の船渡《ふなと》橋を渡る。

　橋からは最奥の民家の庭先を通り、**吉村家跡の杉古木**を経て、三十丁の水場へ。樹林帯を抜け、伐採跡地に出たら、**三浦峠**へは一投足だ。

　稜線の林道を横断し、山腹の道を下ると古矢倉《ふるやぐら》跡に出る。谷を右に見て下れば出店《でみせ》跡、五輪塔、集落跡などを通り、やがて**矢倉観音**《やぐらかんのん》**堂**《どう》に着く。道幅が広がり、道標が立つ民家の前を通っていけば、林道から国道に出合い、**西中大谷橋バス停**に到着する。

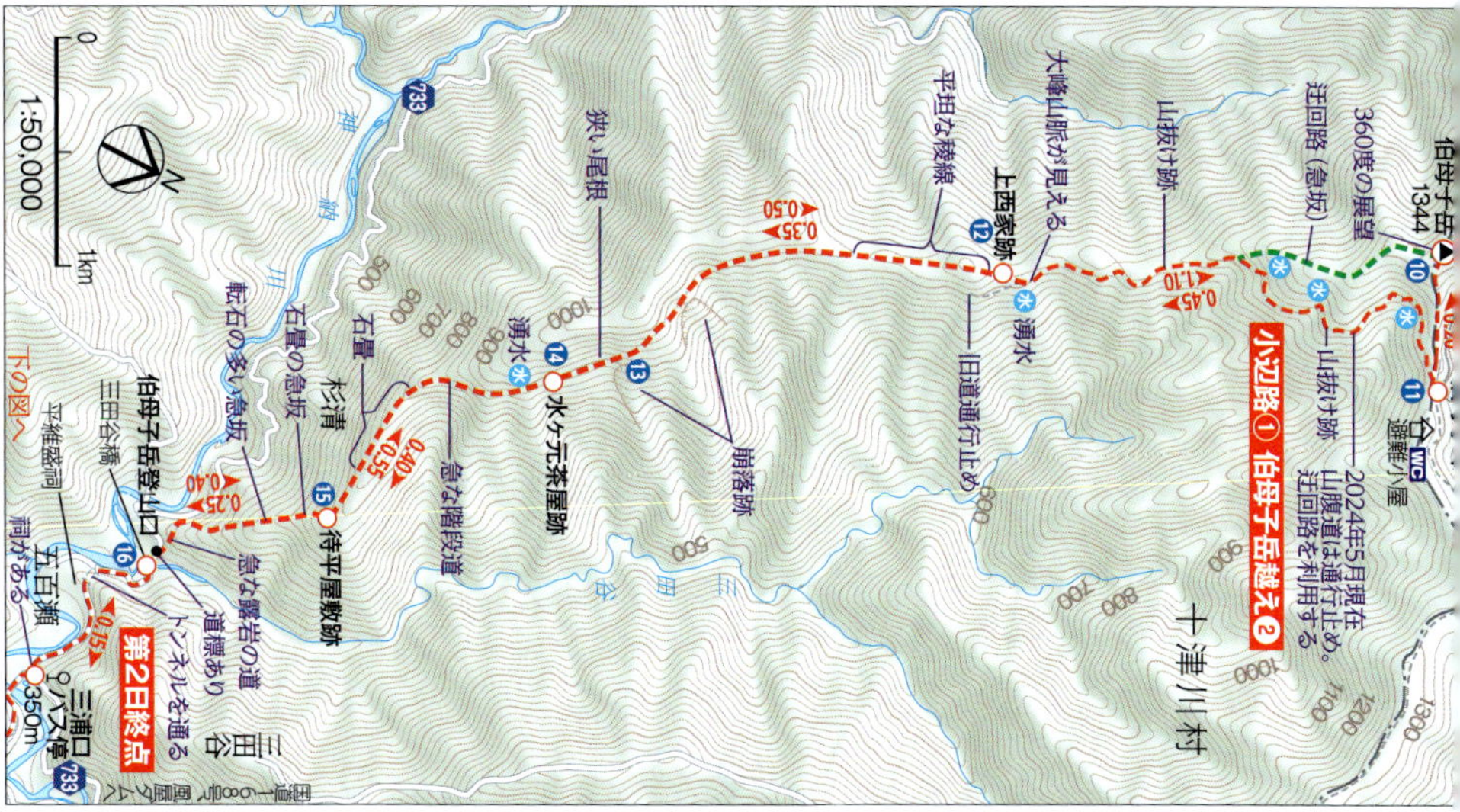

1:50,000
0
1km
N
伯母子岳
1344
360度の展望
迂回路（急坂）
山抜け跡
大峰山脈が見える
平坦な稜線
上西家跡
湧水
旧道通行止め
狭い尾根
崩落跡
水ヶ元茶屋跡
急な階段道
杉清
石畳
石畳の急坂
転石の多い急坂
侍平屋敷跡
伯母子岳登山口
急な露岩の道
道標あり
トンネルを通る
三田谷橋
平維盛祠
祠がある
五百瀬
三浦口
バス停
350m
第2日終点
小辺路① 伯母子岳越え❷
避難小屋
2024年5月現在
山腹道は通行止め。
迂回路を利用する。
十津川村
下の図へ

1:50,000
0
1km
N
天上山
▲817
西中
西中バス停
第3日終点
国道出合
西中大谷橋
バス停
215m
矢倉観音堂
広いバス道に出る
階段を下りて
山道に入る
民家あり
墓石
•645
五輪塔
殿原
永井
玉垣内
大津越
下の図へ
十津川温泉へ

1:50,000
0
1km
N
和歌山県
田辺市
歩道がなくなる
熊野古道
七色分岐
シャクナゲ
ベンチ
急坂
水の供給施設
林道出合
八木尾橋
八木尾バス停
民家の前から石段を下りる
ベンチ
上河屋
七色
切畑
三里橋
竹の本
伏拝
平岩口バス停
石仏
三軒茶屋
三軒茶屋跡
九鬼口関所跡
休憩小屋
道の駅「奥熊野古道ほんぐう」
学校
100
緩い坂道
九鬼
ガソリンスタンド
展望台分岐
展望台
190
祓殿王子
熊野本宮大社
鳥居
道標あり
大鳥居
本宮大社前
バス停
59m
Goal
宮町
下向橋

56 雲表の山里から果無峠を越える

小辺路② 果無越え
こへち はてなしごえ

1114m（果無峠）

前夜泊一日

歩行時間＝5時間47分
歩行距離＝15.0km

技術度 ★★★
体力度 ★★★

コース定数＝26
標高差＝954m
累積標高差 ↗1016m ↘1151m

夜明けの果無集落を振り返る

世界遺産・熊野古道の一部である小辺路の全長72kmのうち、後半部にあたる果無越え約15kmの行程を紹介しよう。

蕨尾バス停から林道を上がって**果無峠登山口**まで行く。道標から階段道、石畳、木の根道を登り終えると、十津川を眼下にし、ほどなくシカ除けフェンスの扉を通る。やがて山畑への道を上がれば、世界遺産の石碑が目に入り、ここで林道を横断する。

一度、林を抜け、最奥の家の上で再度、道を横断、山道に転じて天水田跡に着く。山口茶屋跡を通りすぎ、急な階段道を登りきると**果無観音堂**に着く。観音堂をあとにすれば、右の**果無観音堂展望台**から、大峰奥駈道の山々が一望できる。さらにジグザグ道を登りつめると、宝篋印塔が残る**果無峠**に到着する。本行程の最高点だ。

峠の第十七番観音石仏の前を通って、下り坂に転じた道に入れば、六字名号碑、花折茶屋跡を通って、石畳まじりの歩きにくい急坂になる。二十二丁石をすぎると、露岩の急坂にロープや手摺が現れ、三十丁石まで、岩塊やガレ沢の狭い道が続く。

三十三丁石まで来ると、本宮町や熊野川が遠望できる。やがて第九番観音石仏を見ると**七色分岐**だ。長い坂道を下ると、急な木製階段道に変わる。飲料水供給施設を見送って舗装林道に出合ったら直進し、民家の軒下を通り、石の階段下の**八木尾バス停**に下り立つ。

バス停からは、国道168号を右へ進み、道の駅を経て平岩口バス停まで行き、右の舗装林道を上がれば**三軒茶屋跡**に着く。九鬼口まで林道を登り、途中から山道になり、ジグザグ道を下れば**九鬼口バス停**に着く。

鉄道・バス
往路＝近鉄八木駅から奈良交通バス約4時間43分で蕨尾下車。
復路＝本宮大社前バス停から奈良交通バス約5時間23分で近鉄八木駅。

マイカー情報
大阪方面からは南阪奈道路、国道24号、京奈和・五条道路、国道310号、168号などで十津川温泉へ。

登山適期
通年歩かれている。コース上に花が多く見られる4月上旬から紅葉が終わる11月中旬がおすすめ。

アドバイス
水場は登山口、果無集落、果無観音堂で得られる。
危険箇所はないが、石畳道に落ち葉が積もる時期はすべるので注意。
奈良方面から三軒茶屋跡へのバス便は少ないので、事前に確認したい。
道の駅から三軒茶屋跡までは歩道がないので注意。

問合せ先
十津川村役場観光振興課 ☎0746-62-0001、奈良交通 ☎0746-22-20-3150、熊野交通 ☎0735-22-5101、三光タクシー ☎0735-22-0231、熊野第一交通 ☎0735-42-0051

2万5000分ノ1地形図
十津川温泉・発心門・伏拝・重里

果無山脈 56 小辺路② 果無越え 142

ヶ口関所跡からは、迷うことなく、祓殿王子を経て、**熊野本宮大社**へ行ける。本殿に参拝したら**本宮大社前バス停**に向かい帰途につく。

果無観音堂展望台から大峰山脈を望む

CHECK POINT

1 水場がある果無峠登山口から階段道、石畳の急な登りになる

2 急な石畳道を登りきると十津川を眺めるベンチがある中だるみに出る

3 シカ除けの開閉扉を通って山畑の道を果無集落へ

4 無人の庭におもてなしがある果無には、古きよき日本人の心が息づいている

5 果無集落の中ほどにある世界遺産の碑の向こうに、たどってきた道が続いている

6 バス停とトイレのある道を横断し、果無集落をあとに山道へ

7 朝霧の流れる天水田跡に着くと、広々とした平地の先に果無山が見える

8 広場になっている果無観音堂にはトイレや水場もあり、休むのによい

9 果無峠への途中からは朝出発した十津川の町が眼下に見える

10 宝蔵印塔が残る果無峠は、石地力山から冷水山への果無山脈が続いている

11 果無峠からしばらくは穏やかな下りだが、花折茶屋跡あたりから石畳になる

12 二十丁石付近から露岩混じりの急坂が続く。落石に注意して歩こう

13 三十丁石からは本宮の町が望まれる。ひと息入れていくのによいだろう

14 八木尾バス停から橋を渡り、国道168号に沿って道の駅を経て三軒茶屋へ向かう

15 中辺路が出合う三軒茶屋跡は九鬼ヶ口関所跡だ。門をくぐって熊野本宮へ

16 山旅の無事を謝し、熊野本宮に参拝したら石段を下りてバス停へ行くとしよう

●著者紹介

小島誠孝（こじま・まさたか）

1940年大阪に生まれる。1959年、3000メートル級の山を体験、日本国内の山々をはじめ、海外の山に足跡を残す。1980年ごろから本格的に自然風景・山岳写真を手がけ、1991年に月刊誌『山と溪谷』の広告ページ写真を1年間担当、好評を得る。最近は紀伊山地の山々をホームグランドに活動している。

著書に『大峰の山と谷』『奈良県の山』『大峰・台高を歩く』（いずれも山と溪谷社刊）。共著に『日本百名山』『関西百名山』『奈良名山案内』『奈良百遊山』など多数。最近の写真展（個展）では2014年『花の果て（あべのハルカス）』で大画面4KCTV複数台によるスライドショー展示。映像関係ではNHKBS放送の「日本百名山・大峰山」、「同・大台ヶ原」、同「修験の道に桜をたどる」「花の百名山」等にゲスト出演ほか。

日本山岳会、フォトクラブ大峰、エスカルゴ山の会に所属。奈良県橿原市在住。

分県登山ガイド28

奈良県の山

2016年3月5日 初版第1刷発行
2024年6月5日 初版第3刷発行

著　者 —— 小島誠孝
発行人 —— 川崎深雪
発行所 —— 株式会社 山と溪谷社
〒101-0051
東京都千代田区神田神保町1丁目105番地
https://www.yamakei.co.jp/

■乱丁・落丁、及び内容に関するお問合せ先
山と溪谷社自動応答サービス　TEL03-6744-1900
受付時間／ 11:00 ～ 16:00（土日、祝日を除く）
メールもご利用ください。
【乱丁・落丁】service@yamakei.co.jp　【内容】info@yamakei.co.jp

■書店・取次様からのご注文先
山と溪谷社受注センター　TEL048-458-3455　FAX048-421-0513

■書店・取次様からのご注文以外のお問合せ先
eigyo@yamakei.co.jp

印刷所 —— 大日本印刷株式会社
製本所 —— 株式会社明光社

ISBN978-4-635-02058-9

●乱丁、落丁などの不良品は送料小社負担でお取り替えいたします。
●定価はカバーに表示してあります。

●編集
WALK CORPORATION
吉田祐介
●ブック・カバーデザイン
I.D.G.
● DTP
WALK DTP Systems
● MAP
株式会社 千秋社

■本書に掲載した地図は、国土地理院長の承認を得て、同院発行の数値地図（国土基本情報）電子国土基本図（地図情報）、数値地図（国土基本情報）電子国土基本図（地名情報）、数値地図（国土基本情報）基盤地図情報（数値標高モデル）及び数値地図（国土基本情報20万）を使用しました。（承認番号　平27情使、第732号）
■各紹介コースの「コース定数」および「体力度のランク」については、鹿屋体育大学教授・山本正嘉さんの指導とアドバイスに基づいて算出しています。
■本書に掲載した歩行距離、累積標高差の計算には、DAN杉本さん作製の「カシミール3D」を利用させていただきました。